Danser au milieu du chaos

Kankyo Tannier

Danser au milieu du chaos

Secrets zen d'une nonne bouddhiste

Flammarion

ISBN : 978-2-0815-0268-0

« Je vous le dis : il faut porter encore en soi un chaos, pour pouvoir mettre au monde une étoile qui danse. »

Friedrich Wilhelm Nietzsche,
Ainsi parlait Zarahoustra

Sommaire

Introduction

Je m'appelle Kankyo et je suis nonne bouddhiste. En général, j'aime bien faire les choses suivantes : gambader dans les prés, sourire aux gens, caresser mes chats et contempler la marche du monde. Dès que l'occasion se présente, je m'assieds en méditation pour – on ne sait jamais ! – trouver enfin le sens de la vie. Et puis, ce que j'aime par-dessus tout, c'est partager : idées, expériences, ressentis, futurs imaginaires ou élucubrations poétiques. Tout peut être sujet de dialogue, de débat, de rencontre. C'est pour cela que j'écris. C'est ce qui me donne envie d'allumer cet ordinateur pour aligner des signes alors même que le soleil brille dehors et que les oiseaux s'égosillent à la cantonade, semblant sonner l'appel du large.

Aujourd'hui, nous sommes dimanche. Je rentre à l'instant du KIBO, la ferme voisine, où j'ai donné un coup de main pour dégager un arbre abattu sur le chemin. Un très grand pin, les racines pleines de parasites, qui a capitulé ce matin, d'un coup, sans prévenir. Cela m'a retardée un brin dans le reste des activités de la journée : amener le foin, faire le fumier, réparer des clôtures… Et boucler ce livre, que j'ai adoré écrire !

Des heures en pensant à vous lecteurs, à vos vies, vos envies, vos doutes, vos émotions.

Des heures à chercher comment faire passer les savoirs que l'on m'a transmis ces dernières années.

Des heures à réfléchir, à m'amuser, à raconter pour me connecter à vous.

Mais ce n'est pas tout.

Car, les conditions actuelles (Covid 19, confinement, crise économique, changement climatique, inondations, sécheresse…) ont amené leur lot de prises de conscience. Au fur et à mesure de ce livre, j'ai eu la sensation d'écrire dans l'urgence. De partager, in extremis, quelques réflexions sur notre avenir commun, alors que le monde autour tournait à l'envers.

Quand, d'un jour à l'autre, je me retrouve coincée chez moi, contrainte et forcée. Quand ce qui faisait le sel de l'existence (rencontres, dîner entre amis, club de sport, café des copains…) m'est enlevé, aucun substitut virtuel ne tient le coup sur la distance : Skype, Zoom ou WhatsApp ne remplaceront pas une franche accolade, cœur contre cœur et sourire aux lèvres. Ou pour le dire autrement : quand mes mains demeurent vierges de tout contact, quand elles ne peuvent en serrer d'autres, quand la chaleur et la douceur ne circulent plus d'une paume à l'autre, le virus est circonscrit mais à quel prix ! Celui d'une humanité les larmes aux yeux, confinée à l'intérieur d'elle-même.

C'est dans ce contexte, inattendu, brutal, que l'envie de danser a surgi comme un pied de nez.

Danser pour alléger les heures.

Danser avec la vie pour honorer sa beauté. Malgré tout.

Danser le tango du soir qui descend et la farandole de l'aube.

Danser avec les êtres sans peur d'être enlacé.

Danser, au milieu du chaos, avec gravité ou dans un rire en cascade, venu du fond des âges.

Le contexte du livre : une nouvelle ère

« Nous ne défendons pas la nature,
nous sommes la nature qui se défend »

Dr Vandana Shiva

Les lignes qui suivent sont inspirées des travaux d'Al Gore, de Gaël Giraud, Jean-Marc Jancovici, Vincent Mignerot, Arthur Keller ou Pablo Servigne et des rapports du Groupe intercontinental d'experts sur le climat (Giec), dont le dernier date de 2019 – une petite bibliographie figure en fin d'ouvrage. Attention : cette lecture peut être déstabilisante pour un public non averti des problématiques climatiques. Mais savoir permet d'anticiper les risques.

Nous entrons dans une nouvelle ère. Dans quelques années, vingt, trente, quarante au plus, il ne restera pas grand-chose de l'ancien monde. C'est ce que prédisent climatologues, biologistes, experts en énergie ou économistes atterrés par la bulle spéculative. Pas besoin de Nostradamus, ni des prophéties mayas : des modèles scientifiques systémiques, de plus en plus précis, dessinent unanimement un avenir en décroissance. Et plus les capacités d'analyse augmentent – nouveaux outils de mesure ou de traitement des données –, plus les résultats sont de mauvais augure pour la suite de notre film commun. Les ressources de la planète ayant fait long feu, la main de Dieu étant occupée ailleurs, le miracle scientifique[1] – une nouvelle source d'énergie pas chère et facile d'accès – étant sur répondeur, les petits humains semblent condamnés à changer ou à disparaître.

D'aucuns me rétorqueraient que c'est le cas à chaque génération, que la génération numérique n'a plus grand-chose à voir avec celle d'avant. Soit. Mais cette fois-ci, c'est de survie pure et simple dont il est question. Comment l'être humain va-t-il négocier la fin programmée des énergies fossiles (pétrole, gaz, charbon) ? Comment va-t-il réagir au fait que la croissance verte est une – douce –

1. Les médias se font régulièrement l'écho d'une nouvelle source d'énergie miraculeuse qui pourrait remplacer les énergies fossiles : hydrogène, champs magnétiques etc. L'idée sous-jacente étant de continuer notre course à la croissance, comme si de rien n'était, en substituant une ressource par une autre, hypothétique, et tout aussi polluante que la précédente.

illusion ? Comment va-t-il accepter, ou pas, de vivre avec beaucoup moins de possessions et de confort ?

La « croissance verte » que beaucoup qualifient de mythe, postule l'idée suivante : il serait possible de remplacer nos objets de consommation par les mêmes, neutres en émission de CO2. Nous changerions seulement nos modes de production et maintiendrions le même niveau de vie, de confort... du moins dans les pays riches. Yves Cochet et bien d'autres ont démonté cette hypothèse depuis longtemps en soulignant simplement les effets de notre mode de vie actuel sur la planète. Outre le fait qu'il est trop tard pour réduire l'impact des générations précédentes sur le climat, la moindre création d'objet requiert de l'énergie. Pour le résumer : il faut beaucoup de pétrole pour construire une éolienne. Ou encore : remplacer ma brosse à dents plastique par une brosse manche bambou ne suffira pas à inverser la courbe du réchauffement climatique. La seule optique envisageable semble donc de retourner à un mode de vie plus simple, avec moins de possessions matérielles... et plus de richesses intérieures.

Ici, en Alsace, plusieurs études prédisent précisément une augmentation globale des températures de 8 °C à 10 °C d'ici à 2050 et les sécheresses qui en découlent. Aux frontières de l'Europe, des réfugiés climatiques (Soudan, Bangladesh, Mozambique...) se pressent déjà pour échapper à la famine ou au stress hydrique (une jolie formule signifiant concrètement : pas d'eau = mort assurée). Les bouleversements se sont accélérés ces dernières années comme le prouvent tornades, pluies diluviennes ou fonte ultrarapide de la glaces des pôles. Et leurs effets sont des plus inquiétants…

Des mots pour se remettre en mouvement

Peut-être ces quelques mots liminaires vous étonnent-ils ou créent-ils un malaise. Loin de moi l'idée de vous effrayer ou de vous déprimer. Bien au contraire. Nous avons besoin de l'énergie et de l'enthousiasme de chacun pour créer le monde de demain. Quand j'ai découvert l'étendue du désastre climatique, l'état de la Terre, autrefois, j'ai commencé par plonger dans une profonde dépression (voir le chapitre 8). Elle porte le doux nom de « dépression climatique » ou d'« éco-anxiété » et se répand comme une traînée de poudre ces derniers mois, sans doute amplifiée par ces longues heures passées devant les écrans pour tromper l'ennui lors du confinement.

Mais elle n'a pas duré et c'est dans la résonance du choc initial que j'ai décidé de rire et de sourire à nouveau. Car ces données, pour terribles qu'elles soient, sont aussi l'occasion pour chacun de se mettre en mouvement. Il faut parfois des circonstances exceptionnelles, un chaos hors du commun, pour aller vers le meilleur de soi, vers l'action, vers les changements de vie longtemps repoussés.

C'est donc l'idée d'évolution humaine, de trajectoire, qui préside à l'écriture de ce livre.

Il n'y sera aucunement question de culpabiliser, de condamner ou de stigmatiser tel ou tel groupe social. Pas de riches contre pauvres, de vegan contre omnivores, ni de peuple contre les élites. Juste quelques pistes, individuelles et collectives, pour exister de la meilleure façon et entrer dans la danse.

Des mots doux, profonds et drôles pour vous accompagner sur le chemin

Les thèmes abordés dans les chapitres qui suivent sont très divers : le temps qui passe, notre rapport au numérique, la place des émotions, les relations aux autres, à soi-même, à la pratique de la méditation. Comme toujours, j'ai eu envie d'évoquer cela avec légèreté, mais aussi – je l'espère ! – avec profondeur. Les livres traditionnels d'enseignements bouddhistes sont légion. Ici, il s'agira plutôt d'un témoignage, sincère, de vous à moi, afin de nous soutenir mutuellement sur notre chemin.

J'ai tenté d'écrire sans fard, directement, pour que notre rencontre se déploie dans les zones fragiles, tendres, de cœur à cœur.

Les histoires relatées sont vraies. Les noms des protagonistes, quant à eux, ont été inventés et certains passages mêlent plusieurs faits réels. J'ai choisi des récits plutôt que d'autres pour leur universalité, avec l'idée que les relations humaines – en famille, au travail, au club de sport ou dans les monastères – ont souvent les mêmes charges émotionnelles et pourront nous servir d'exemple.

Quelques notions clés en préalable

Pour circuler aisément dans les pages de ce livre et pouvoir mettre les informations qui y figurent en perspective, laissez-moi vous parler de quelques enseignements fondamentaux du bouddhisme. Ils sont assez simples et, cette simplicité même nous ouvre à la profondeur. Bien sûr, des exégètes du monde entier se penchent – encore aujourd'hui – sur leur signification ultime, cherchant des liens entre les notions, analysant les non-dits ou supputant tel ou tel raisonnement de la part du Bouddha, de Nagarjuna[1]* ou de maître Dôgen*. Nous n'entrerons pas dans ces conflits doctrinaux, nous bornant à exposer les idées le plus directement possible, le plus incarné possible, comme ce flocon de neige touchant le sol…

Vérité absolue, vérité relative

Pour écrire ces lignes, je me suis réfugiée quelques jours dans un hôtel familial du village de La Petite-Pierre (Bas-Rhin). Il neige. Mais quelques rayons de soleil traversent tout de même les nuages, faisant scintiller les arbres blancs. Il neige. Mais la lumière du matin est rosée, et sa couleur pastel diffuse douceur et paix. Il neige. De petits flocons délicats et indisciplinés… C'est du moins ce que mon œil perçoit.

1. Les astérisques renvoient au glossaire en fin d'ouvrage.

Ce matin, ayant ouvert la fenêtre avant l'aube, j'ai été saisie par un froid dense. Et, tout de suite après, par l'idée que, cette nuit, des êtres humains ont dormi dehors, sous des tentes de fortune, au cœur même de nos pays riches. Le monde pourtant semblait silencieux. Les flocons, en tombant, restaient fort discrets, comme cette femme japonaise rencontrée récemment, marchant toujours en retrait derrière son mari, silencieuse, buste incliné et port de tête humble. Les flocons sont ainsi, délicats, presque invisible, et muets… C'est du moins ce que mon ouïe en perçoit.

La question de la perception est au cœur des notions bouddhistes de « réalité absolue » et « réalité relative ». Elle constitue un magnifique sujet de philosophie sur lequel nous réfléchissons depuis des millénaires, avec pour pierre d'achoppement l'idée surprenante selon laquelle quand le monde est nommé l'illusion naît.

La « réalité relative », c'est celle dans laquelle nous vivons. C'est ce regard que nous posons sur les choses, les êtres et le temps qui passe. C'est ce qui nous fait dire « Moi, je suis quelqu'un de calme, d'organisé ou de colérique ». C'est notre capacité de réflexion ou d'analyse dans tous les domaines de la vie : relations humaines, méthodes de communication, psychologie, sciences, écriture…

Ma réalité relative et celle de mon voisin sont totalement différentes du fait de nos histoires personnelles, sans parler de celle de Lala, ma princesse chatte, ou d'Efstur, cheval d'Islande à la crinière blanche. La manifestation de cette réalité va dépendre de mes capacités sensorielles et extrasensorielles. Elle est individualisée même si nous pensons, parfois, nous y rejoindre dans l'éclair d'un regard.

Cette façon, conventionnelle, de percevoir le monde, nous permet la vie en société et l'établissement de valeurs communes pour évoluer ensemble.

Mais elle est une construction mentale, rationnelle, prenant notamment sa source dans le langage. Étudions par exemple l'idée de « personnalité », dont il sera longuement question dans les pages suivantes. La première source latine de ce mot « Persona, ae » renvoie à la notion de « masque » ou de « tenir un rôle ». C'est seulement quelques siècles plus tard que le sens a évolué vers « individu, personne ». Dans un monde relatif, je suis persuadée de disposer d'une identité fixe, évoluant certes au cours des années, mais sans changements notables d'un jour à l'autre. Pourtant, il suffit de regarder trois ou quatre photos de nous prises à des moments clés de notre vie (bébé, enfant, jeune adulte, quadragénaire) pour constater l'immense différence entre les images. De surcroît, nos organes (sang, os, foie, neurones) se renouvellent à grande vitesse et ma mécanique interne n'a aujourd'hui plus aucune pièce d'origine, même si les informations cellulaires ont été codées pour permettre de changer le stock dans la continuité. Mais ce n'est pas tout. À peine une information parvient-elle à mes neurones qu'elle est traitée et mise en perspective, créant une distance, une compréhension, un langage sur le monde qui m'entoure. Celui-ci sera lié à mes connaissances, à mon histoire et surtout à ma mémoire : cette mémoire des événements me permet de faire des liens entre les choses, de fonctionner avec un mental en arborescence pour agir, réagir ou ne pas agir de la meilleure façon. Ce mouvement du mental est ce qu'on appelle la « saisie », une manière de vivre les événements du monde. À partir de cette analyse, le plus souvent inconsciente, je vais choisir ou rejeter, prendre ou laisser, rester immobile ou me mettre en mouvement, aimer ou détester. Et animer ce qu'on appelle la « roue du karma ».

C'est en prenant appui sur cette idée du moi, de l'ego, que s'écrivent la plupart des livres, et se fondent la majorité des sciences et des connaissances contemporaines. Il est rare que la notion de personne soit questionnée, sauf dans le monde spirituel ou dans certaines écoles traitant de philosophie, d'hypnose ou de neurosciences. Pourtant, avant d'élaborer un monde cohérent, une rationalité quotidienne, un système de pensée, étudier la question « Qui suis-je ? » serait un sage préalable. Nous en reparlerons souvent dans ce livre.

Mais déjà, qu'en dit le Bouddha ? Pour y répondre, nous allons devoir nous placer du point de vue de la réalité absolue même si, vous l'avez compris, cette analyse sera nécessairement relative.

La réalité absolue, c'est la vie avant les mots et les concepts. Ou juste après si « on » les lâche pour se lover dans l'incertitude lumineuse.

La réalité absolue apparaît quand « on » ne la cherche pas, mais la trouver demande une détermination sans faille.

La réalité absolue, c'est un surgissement spontané et hors du temps.

La réalité absolue, c'est « j'existe », en lien avec tous les phénomènes qui apparaissent ensemble au même moment.

La réalité absolue, c'est l'introuvable dont parlait le sage Vimalakirti*... Et pourtant...

La réalité absolue, c'est tout simplement deux regards qui se croisent, s'unissent et se relâchent dans l'incandescence du Présent.

Dans les lignes de ce livre, j'oscillerai donc entre deux directions, l'absolu et le relatif, comme tant de pratiquants avant moi. À vous lecteur, je vous demanderai, si vous êtes d'accord, l'effort suivant : quand il sera question des émotions, des relations humaines, de soi et de l'autre, gardez s'il vous plaît à l'esprit qu'il ne s'agit là que d'une vision du monde, d'une façon ordinaire de percevoir et d'analyser et que la réalité ultime est en embuscade pour faire voler en éclats nos idées sur les choses.

Concentration, focus, observation, attention

Pour comprendre la nature ultime de l'esprit, la méditation est la voie royale. Avec cette pratique, nous accédons à différents types de concentration qui vont permettre – par étapes – de discipliner le mental puis de passer au-delà (ou en deçà, si vous préférez). Si vous ne l'avez encore jamais pratiquée, ces quelques lignes vous dessineront un univers à explorer à côté duquel un voyage sur la Lune est d'une banalité affligeante. Méditer, c'est en effet plonger au cœur du brasier, sans être tout à fait sûr de pouvoir en réchapper, et sans pommade cicatrisante à l'arrivée. Mais, promis, une fois dans le chaudron, la soupe cosmique est délicieuse : légère, virevoltante, calme, vaste, sécurisante, profonde et, surtout, harmonieuse.

Avant d'en arriver là, différentes découvertes s'offrent à nous, qui nous permettent de mieux nous connaître. Notamment grâce à cette pratique prodigieuse : la concentration. Dans le silence de la station assise, chacun se retrouve face à soi et peut étudier en détail le fonctionnement de l'esprit. Pour ce faire, différentes sortes de concentrations, différents degrés d'attention sont disponibles :

Une concentration de type « focus » à privilégier au début. Elle permet d'apprendre à canaliser le mental et à le rendre plus stable. Dans le bouddhisme zen, le pratiquant va se concentrer par exemple sur le *hara* (« bas-ventre ») afin d'acquérir une stabilité. S'il est fatigué, il se focalisera sur le nez ou sur l'espace entre les deux yeux en vue de faire remonter l'énergie. S'il est trop tendu, il prendra quelques minutes pour allonger volontairement la durée de l'expiration dans le ventre, etc. De nombreuses techniques ont été décrites qui utilisent nos capacités neuronales pour obtenir tel ou tel effet. Cette concentration focus est ensuite très utile pour la vie quotidienne, canalisant l'esprit et procurant un certain calme intérieur. Elle n'est pas à négliger et demande des entraînements réguliers, constants, pour nous améliorer. Durant la méditation, le *zazen**, on alterne cette pratique avec la pratique décrite ci-dessous.

Une autre forme de concentration, plus diffuse, est également disponible : l'attention tranquille et spacieuse. Elle fait participer le corps-esprit tout entier, et pas seulement le mental ordinaire. On observe alors l'apparition des pensées à partir d'un espace vaste, d'une Présence, d'une ouverture. Cette manière de pratiquer est idéale pour devenir conscient des pensées, quelles qu'elles soient, et apprendre à se libérer de leur influence. Je n'ai pas eu accès à cette « forme de conscience » au début de ma pratique et les choses étaient beaucoup plus difficiles. Mais après quelques années, la possibilité s'est ouverte. De nombreux mots ou expressions parlent de cette capacité, disponible pour tout être humain : l'observation, la Présence, ou encore « penser sans penseur ». On utilise aussi « penser du tréfonds de la non-pensée », ou *hishiryo* (en japonais).

Et puis, à un moment donné, il est aussi possible de lâcher complètement, et de passer « sur l'autre rive ». La pensée recule, toujours davantage, et se dépose. Le corps-esprit est confié au moment présent, dans une forme de disparition, d'éclipse. Il est difficile d'en parler davantage sans laisser les mots confiner l'expérience mais il s'agirait d'une sagesse immédiate, d'une offrande à la vie, dans sa spontanéité.

Pendant la pratique, il est conseillé de passer de l'une à l'autre, d'alterner les formes de concentration/observation, en fonction de notre état interne. Les « méthodes » sont complémentaires et l'une n'est pas meilleure que l'autre. Ces notions seront souvent évoquées dans les chapitres de ce livre. Avec une tendresse toute particulière pour cette incroyable capacité de l'être humain : observer ses propres pensées ! Observer et reprendre le contrôle de nos vies, pour mieux les abandonner au souffle cosmique.

Si ces explications concernent bien entendu la méditation formelle – assis, immobile, dans le silence – elles peuvent aussi imprégner tous les moments de la journée et faire de chaque instant un poème. Un poème sur le temps présent : le seul, l'unique, l'illimité, dans lequel l'existence se met en résonance avec tout l'Univers.

Bon voyage !

Chapitre I

« Moi non plus je n'ai pas le temps ! »
ou l'art d'apprivoiser Chronos

Préambule sur une piste de cirque

Hier matin, j'étais l'invitée d'un festival culturel près de Strasbourg : une semaine de théâtre, arts du cirque, conférences et musique dans un village éphémère, créé de toutes pièces, au cœur de la ville. J'adore ces manifestations populaires faisant le projet d'une vie plus vibrante et plus solidaire. Des journées à la douce utopie, qui portent en filigrane le message suivant : « Ensemble, tout est possible. » J'y étais conviée pour une rencontre sur le thème Silence, méditation, échanges avec le public..., tout un programme !

Ce village éphémère laisse la part belle aux matériaux de récupération et idées recyclables en tout genre : meubles en palettes, décorations surprenantes à base de cagettes en bois, stands de produits bio/zéro plastique/économie solidaire ou toute autre proposition pour faire du bien au climat (ou peut-être éviter le pire). Au milieu de tout cela trône le Magic Mirror, chapiteau à l'ancienne, comme une délicate injonction à réveiller le clown ou l'acrobate qui sommeille en nous. Décorée en style Belle Époque et parsemée de miroirs, son architecture savante permet à quelques rayons de soleil égarés de se faufiler à travers les vitraux pour enluminer la scène de pastilles, aussi colorées que tourbillonnantes.

C'est là que la conférence a lieu, animée par Stéphane Litolff, grand ordonnateur de l'ensemble, anarchiste créatif, metteur en scène engagé et questionneur malicieux. Les interrogations du public d'ailleurs sont en phase avec les préoccupations de l'époque : comment trouver *la* bonne pratique dans la profusion d'offres méditatives du moment ? Comment gérer ou apprivoiser les émotions négatives ?, etc.

Soudain, un homme se lève, cheveux emmêlés et air agacé : « C'est bien beau tout ça ! Mais vous, vous vivez dans un monastère, vous passez votre vie à méditer et à regarder pousser les fleurs ! Nous, on a une famille, un boulot, des gosses, des échéances : on n'a pas le temps pour tout ça. Ce n'est pas la même vie ! Nous, on n'a pas le temps. » Puis il se rassied, toujours aussi emmêlé, peut-être à peine moins agacé : pouvoir dire ce que l'on a à dire, bien souvent, ça soulage.

« Ah, Monsieur, votre question me fait du bien ! Moi non plus je n'ai pas le temps ! On va pouvoir se plaindre ensemble ! Moi aussi j'aimerais bien pouvoir regarder pousser les fleurs, mais il y a trop de visiteurs qui passent au monastère ! J'ai pas le temps ! » L'assistance rigole et c'est pour moi l'occasion de remettre un peu les pendules à l'heure.

CHAPITRE I

Branle-bas de combat au monastère !

Non, les moines et nonnes zen ne passent pas leur vie en méditation. Ils n'arpentent pas les allées des monastères avec lenteur, levant parfois le nez vers des hirondelles fendant l'azur. Non, ils ne s'arrêtent pas soudain au milieu d'un champ pour écrire un haiku qui traversera les âges. Non, ils ne sont pas toujours d'un calme olympien faisant passer le dalaï-lama pour un hooligan.

Tout ça, c'est dans les livres : de belles histoires pour les enfants.

L'organisation des retraites zen

La plupart des moines et nonnes sont très actifs. Leur vie quotidienne ressemble à celle de ces sœurs infirmières des siècles précédents : quelques offices/méditations par jour et de longues heures, sans compter, consacrées à soulager les malades, à réconforter les pauvres ou à écouter les souffrances du monde. Au monastère Ryumon-Ji* (Bas-Rhin), là où je réside la plupart du temps, des retraitants arrivent deux fois par semaine. Ce sont de dix à soixante-dix personnes chaque fois, qu'il faut nourrir, loger, et surtout accompagner spirituellement de la manière le plus personnalisée possible. Parmi ces visiteurs, beaucoup sont débutants. À leur arrivée, nous proposons donc des séances de découverte de *zazen*, la méditation zen*, des explications sur les rituels, sur l'emploi du temps et quelques recommandations pour que la retraite se déroule au mieux. Car une retraite zen, que l'on appelle *sesshin**, c'est difficile. *Sesshin* signifie littéralement « toucher l'esprit », c'est-à-dire apprendre un rapport différent aux pensées, pour accéder – *in fine* – à une autre façon d'être dans le monde. Mais cette reprise de contact avec le contenu du mental, ce retour à « soi », ne va pas de soi. Pour beaucoup, la re-connexion est un vrai challenge, voire une épreuve, car notre mode d'être habituel est plutôt la fuite ou l'échappatoire : tout sauf voir la réalité en face ! Les moines et nonnes sont donc là pour accompagner, de près ou de loin, grâce à des paroles bienveillantes, de petits signes d'attention ou simplement grâce à la mise en place quotidienne d'un programme huilé, d'une précision quasi helvétique. L'emploi du temps des journées a la régularité d'un coucou suisse ! Chaque jour comme le précédent, ou presque, offrant un cadre solide et rassurant à la méditation.

Ainsi, dans les allées d'un monastère zen, vous ne trouverez pas de pratiquants en leggings roses, flânant entre une méditation et deux séances de yoga, mais plutôt des retraitants actifs, participant au *samou**, l'activité bénévole pour la communauté (cuisine, jardin, nettoyage…) et passant rapidement d'une activité à l'autre, avec énergie.

Des grains de sable dans les rouages

Et au milieu de tout ce petit monde : les moines et nonnes ! En général, ils arborent un visage concentré et paisible, conscients du monde qui les entoure, présents dans chacun de leurs gestes et ressentant leur respiration. Ce sont, comme on dit, « de belles personnes » motivées par la pratique spirituelle et le service à la communauté.

En général… Car autant l'avouer, certains soirs, l'ambiance est légèrement différente ! Nous organisons deux fois par mois des *sesshin* (retraites de méditation) rassemblant de nombreuses personnes. L'équipe est soudée, chacun sait précisément ce qu'il a à faire. Mais, très régulièrement, un, deux, voire dix grains de sable se glissent dans les rouages : le cuisinier est malade, la voiture pour la navette vers la gare en panne, la salle de méditation trop chaude pour la canicule, la pompe à eau nous lâche, des personnes arrivent sans s'être inscrites ou sont en retard, etc. La liste des imprévus est longue, comme un jour sans pain, ou plutôt sans eau du fait de cette satanée pompe ! Par exemple, lors de la dernière *sesshin* : le responsable du service n'est pas là (il arrivera vers 20 heures pour un repas à 20 h 30) et l'un de nous – normalement affecté à la préparation des tisanes – doit le remplacer en galopant de gauche à droite. Ou encore : il y a un bouchon sur l'autoroute en provenance de Stuttgart et quatre moines sont coincés dans leur voiture en Allemagne (un ami allemand me faisait remarquer récemment que, avec le nombre de bouchons sur les autoroutes du Baden-Würtenberg, il devenait impossible de profiter de l'absence de limitation de vitesse – spécificité germanique – pour faire un peu vibrer les vilebrequins de la BMW : à peine le temps de tester le kilomètre arrêté qu'on était déjà dans le prochain bouchon ! Tout fout le camp !).

Comme vous pouvez le lire, les causes du chaos sont aussi diverses que variées et n'ont pas toutes à voir avec le génie automobile germanique.

Ces jours-là, notre petite équipe court dans tous les sens. Les visages sont tendus, une agitation règne dans l'air. Chacun doit assurer sa fonction, plus celle des autres, tout en gardant l'air zen ! Une forme de léger stress envahit les lieux : un mini-stress, un stress miniature, mignon et éphémère, prenant sa source dans ce dilemme propre à nos sociétés modernes « J'ai pas le temps ! ». J'ai pas le temps de sourire paisiblement aux arrivants en mode zen et d'organiser le service du soir. J'ai pas le temps de montrer comment méditer dans la concentration la plus parfaite et d'aller chercher des draps supplémentaires à la cave (combien il en manque déjà ?). J'ai pas le temps d'expliquer le fonctionnement de la machine à laver la vaisselle et de superviser l'arrivée des navettes de la gare. Pas le temps ! Comme le lapin dans *Alice au pays des merveilles*.

Et, qui plus est, me voici prête à étrangler le maître zen qui passerait, l'air ironique, en énonçant : « Pas le temps ? Mais enfin, le temps n'existe pas. » Que lui et sa horde de contemplatifs aux bras ballants aillent baguenauder ailleurs : j'ai du boulot, moi !

« T'as pas l'air très zen, toi ! »

La difficulté de ces journées-là tient en peu de mots : la nécessité d'avoir l'air « zen » alors que la machine s'emballe. Zen à tout prix, zen quand le monde s'écroule, zen quand le papier-toilette manque, zen quand une personne nouvelle se plaint de son hébergement. Mais le « zen » dont on parle ne saurait être une simple façade, un fake-zen, pour épater la galerie. Alors, comment faire ? La première étape serait d'accepter justement de ne pas avoir l'air zen. « Faut pas jouer les riches quand on n'a pas le sou », chantait Jacques Brel dans *Ces gens-là*. Et suivant cette idée, le bouddhisme nous invite à sceller un accord entre l'idéal et la réalité. J'aimerais être calme mais une forme de stress a pris les commandes.

Le mot-clé est alors « prendre conscience ». Là, tout de suite, je ressens une agitation intérieure, une tension, localisée dans certaines parties du corps comme la poitrine, le plexus solaire ou encore la tête, quand les pensées s'emballent. Dans l'idéal, j'arborerais en toutes circonstances le sourire posé de la Joconde. Dans la réalité, un ensemble de facteurs a favorisé l'émergence d'une ou de plusieurs émotions que l'on appelle *stress*... Et mon sourire a la sincérité d'un vendeur de voitures. La Voie du Zen est celle d'une connexion – serrée – à l'instant présent. Et, si je veux vraiment suivre cette pratique millénaire, un seul chemin se dessine : accepter l'émotion du moment.

L'esprit de compétition versus *Montrer ses failles*

Pour être franche, de prime abord, je n'ai pas très envie. Des années d'éducation (école, famille, médias) m'ont inculqué l'art de dissimuler mes failles. Et cette tendance est encore inscrite en profondeur dans mon inconscient :

« Attention ! Si tu te trompes, tu vas avoir une mauvaise note ! » J'ai appris, aux forceps, durant de longues années, à être la meilleure : être la première de la classe, gentille, serviable et surtout obéissante. Dans ce paysage, montrer ses faiblesses n'était pas au programme. L'école et la société m'ont enseigné une forme larvée de compétition fondée sur l'idée suivante : seuls les meilleurs d'entre nous auront un travail, seront intégrés à la classe moyenne, pourront acheter une maison à crédit, les autres devant se contenter des minima sociaux, des HLM sans ascenseur et des soirées devant la télé. Ayant vécu mon enfance à Clichy-sous-Bois et constaté année après année les ravages du chômage de masse sur les populations, cette idée de compétition, de réussite sociale m'est très familière, et corrélée à un certain malaise. Réussir à tout prix signifiait échapper aux conditions ambiantes, au destin prédit et aux supermarchés du samedi après-midi. À l'époque, la proximité de Paris – la terre promise, quasi inaccessible – dressait une frontière invisible et insoutenable entre les riches et les pauvres, les privilégiés et les oubliés de la croissance, les gagnants et les perdants. Dans cette ambiance-là, il fallait être fort, ou bien renoncer et se laisser glisser, peu à peu, inexorablement, avec comme horizon le bistrot du coin et les copains de comptoir pour sécher ses larmes.

Pour côtoyer régulièrement les « milléniums » (enfants nés au début des années 2000), j'ai malheureusement constaté que ce message s'est transmis de génération en génération. Combien d'étudiants aux prises avec l'angoisse des examens ? Combien sont envahis par le stress ou tétanisés par la peur à l'idée de ne pas réussir ?

Dans les universités, écoles de commerce, prépas ou autres BEP, la compétition fait rage, intensifiée par un accès à l'emploi au compte-gouttes. Le spectre des minima sociaux rend cet âge d'or de plus en plus difficile à traverser. Et la crise économique, intensifiée par la pandémie du Covid 19, laissera sur le bas-côté les moins combatifs de cette génération. À moins d'un changement complet de paradigme…

Quand je donnais des cours de préparation aux oraux d'examen, la première étape consistait à remettre l'enjeu dans un contexte plus vaste. Si la réussite à l'examen est la seule perspective possible, la pression est intense, voire paralysante. En les invitant à réinventer un futur en dehors des sentiers battus, à se rappeler leurs rêves et à faire un premier pas dans cette direction, le stress pouvait tomber d'un coup, avec la peur de l'échec. En procédant ainsi (méthode qui vaut d'ailleurs à tout âge), l'horizon s'éclaircit. Le besoin de la réussite à tout prix et la tyrannie du tout ou rien, s'apaisent de concert. Mais tout cela demande bien sûr un accompagnement car envisager un autre futur, ouvrir ses perspectives, ne va pas de soi. Les apprentissages intégrés dans l'enfance ont la vie dure et il faudra sans doute plusieurs années, plusieurs rencontres, avant d'en laisser certains sur le bas-côté pour reprendre la route, le cœur léger. Pour preuve, les yeux écarquillés de mes petits étudiants devant cette question : « OK, vous voulez réussir votre oral de droit administratif, mais sinon dans la vie, vous rêvez de quoi ? Qu'est-ce qui vous donne envie de sourire et d'enjamber des montagnes ? »

Devant des injonctions puissantes de réussite sociale, s'ouvrir à une quelconque faiblesse, sortir d'un réflexe de compétition a tout d'une gageure, que l'on se trouve d'ailleurs dans un cadre monastique, en famille ou au travail. Pour la plupart d'entre nous, c'est un contre-emploi total par rapport au mode d'être habituel, issu de notre éducation. Et, moi non plus, je n'ai pas ce réflexe. Plutôt celui de fuir ou de faire semblant... Histoire de faire bonne figure !

Des injonctions paradoxales

Mais ce n'est pas tout. Dans cette situation précise, me voici face à deux injonctions contradictoires : celle, issue de l'enfance, de faire bonne figure (« Zeeen ! »), d'être la meilleure (quoi que ce mot puisse vouloir dire) pour survivre plus facilement en milieu hostile ; et celle, issue du bouddhisme, de permettre à l'émotion du moment d'être vécue. Qui va gagner la bataille ?

Les injonctions paradoxales sont assez fréquentes dans nos vies. C'est la mère sur la plage qui appelle son enfant : « Gaël, ne t'éloigne pas trop ! », puis quelques minutes plus tard : « Mais va donc jouer un peu avec les autres enfants au lieu de rester dans mes pattes ! » Quel message prévaut ? À quel moment Maman ou toute autre figure d'autorité intégrée va-t-elle être contente ? Avec ce genre d'instruction, l'individu reste au milieu du gué. S'il bouge, quelle que soit la direction, c'est « mal ».

Pour reprendre l'idée évoquée plus haut, ce type de messages contradictoires m'indique d'une part de cacher mes supposées faiblesses, de l'autre de les accueillir. Pour aller dans la seconde direction, la voie bouddhiste qui m'est chère, je vais devoir suivre quelques étapes de libération émotionnelle, qui seront décrites au chapitre 4. Le thème mérite que l'on s'y arrête un instant – ou plus – mais là, présentement, je n'ai pas le temps : Chronos m'appelle !

Le temps ? Mais de quoi parle-t-on exactement ?

« Ce n'est pas un signe de bonne santé que d'être bien adapté à une société profondément malade »

Jiddu Krishnamurti

Pour changer notre rapport au temps, vous trouverez dans la section suivante quelques pistes, lesquelles, loin d'être réservées aux monastères zen, peuvent sans doute s'appliquer en famille, au travail et dans tout autre lieu susceptible d'être contaminé par un virus beaucoup plus répandu que la Covid 19, j'ai nommé le virus « j'ai-pas-le-temps ». Mais avant cela, explorons un peu ce syndrome moderne de la fuite du temps à la lumière des enseignements des maîtres anciens.

Et tout d'abord ceci : les lignes ci-dessous, et les idées qui s'y prélassent, sont difficilement compréhensibles dans le feu de l'action. Lorsque le stress est présent, pour ainsi dire, c'est trop tard. Ou presque. Mon propos est donc de vous inviter à la réflexion en amont. De laisser certains mots, certaines notions relatives au temps se lover au cœur de votre cerveau pour envahir peu à peu l'espace disponible et changer l'ordre des priorités quotidiennes. Je vous propose de vous laisser gentiment influencer par des paroles de sagesse, issues du fond des âges, afin d'ouvrir un espace de liberté, un temps différent au cœur de votre vie.

Le temps moderne : un temps qui se court après

Inutile de tisser trop longtemps le canevas de la modernité : dans son aspect temporel, l'ouvrage est décidément bien emmêlé. Pour faire court, au XXIe siècle, on court ! On court après le temps qui passe, lequel court malheureusement plus vite que nous. Tout le monde, sauf cet ermite à la barbe blanche perché en haut d'une colline des Cévennes, connaît la sensation de n'avoir jamais terminé. Comme si les journées restaient en suspens, en attente du prochain rendez-vous, du prochain mail, de la prochaine notification.

Prisonniers derrière des écrans aux « fenêtres multiples »

Le temps moderne est une prison aux murs hauts dans laquelle les activités s'enchaînent à une vitesse supersonique. Pour en sortir, il faudrait repenser son rapport au monde, et pour repenser son rapport au monde, il faudrait se poser cinq minutes, avoir le temps… Mais… Cette idée, en soi, est souvent vertigineuse. Et le serpent de se mordre la queue.

L'exigence de rapidité de nos sociétés modernes est prégnante dans les entreprises, avec l'installation de postes de travail aux écrans multiples : deux ou trois écrans d'ordinateur installés les uns près des autres afin de pouvoir passer d'une fenêtre à l'autre, en un clin d'œil, sans perdre de temps ! À travers ces fenêtres ouvertes, on ne contemplera pas le changement des saisons. Mais on aura accès à un espace fonctionnel ouvert à la fois sur un tableau Excel, une calculatrice, une base de données ou un jeu Minecraft, ultime récompense d'un cerveau en surchauffe. Vite ! Vite ! Vite ! L'être humain moderne est multitâche. Il peut laisser de nombreuses fenêtres ouvertes dans sa caboche – avec le risque d'en oublier certaines –, deux battants béants sur le vide infini. Ce *multitasking*, idolâtré par les managers, est également générateur de stress pour notre cerveau car, toute tâche non achevée, toute information non traitée reste en attente quelque part. La vie continue mais là-haut, au cœur du cortex, une appli n'a pas été fermée et consomme de l'énergie. Ce n'est pas tant l'exigence de travail en arborescence qui pose problème que la nécessité d'enchaîner les actions rapidement, avec de moins en moins de temps pour traiter les données, pour mener la tâche à son terme et avec le malaise qui peut en découler.

Des icônes qui nous hypnotisent

Autre exemple symptomatique : les icônes de notification de mon téléphone. Toutes les minutes, une icône colorée surgit devant mes pupilles, splendide houri numérique, utilisant tous les artifices à sa disposition (petit son sympa, danse ondulante, clignotante, vibrante, rouge, verte, bleue) pour happer mes neurones et m'attirer dans ses rets. Mais qui pourrait bien – en ce moment même – avoir envie de me joindre ? Que ce soit Darty, Amazon ou Cousin Machin. Vite ! Regarde ! Ces icônes manifestent l'urgence. Elles ont la séduction impérieuse.

Dans la Silicon Valley, des armées de cerveaux en surchauffe font chaque jour des brainstormings pour nous permettre d'approfondir l'addiction. Comment faire pour que Mme Michu ou son petit-fils aient l'envie récurrente d'ouvrir une application pour vérifier qu'on les aime toujours ? Ou pour prendre sa dose de gratification, plaisir immédiat ? La base du travail de nos « ingénieurs en addiction » sera de nous créer un réflexe pavlovien. Comme un gentil petit toutou. Vous vous souvenez sans doute de l'expérience du Russe Ivan Pavlov, qui a conditionné des armées de chiens à répondre au coup de sifflet. Il leur procurait en échange une délicieuse pâtée, sans doute préparée avec amour par une petite babouchka aux cheveux nattés (à moins qu'ils n'aient affamé les chiens, mais l'histoire serait moins jolie). L'équation ressemblait à ceci : sifflet, pâtée, plaisir. Sans transition et dans un enchaînement d'action extrêmement rapide. Pour nous, humains évolués, c'est légèrement différent. L'équation est la suivante : sonnerie icône de notification – icône ludique et sympathique sur le téléphone –, message, plaisir. Le bonheur procuré par notre téléphone peut prendre différentes formes : la nouveauté, un message nous montrant que nous sommes reliés aux autres êtres humains, l'irruption d'un événement inattendu dans nos vies bien huilées…

Dans tous les cas, nous avons répondu à un réflexe pavlovien, et effectué une action rapide et automatique, à la manière des canidés précités. Le temps, là aussi, s'est accéléré, utilisant des activités réflexes – consulter son téléphone – pour remplir les journées. Il est bien sûr possible de reprendre la main sur cette hypnose numérique ; en multipliant les moments « hors ligne » par exemple, nous y reviendrons (voir le chapitre 5).

Rattraper la machine ?

De façon paradoxale, les robots et autres ordinateurs étaient censés accélérer le traitement de l'information et nous donner un coup de main. Ils ont commencé sous forme de calculatrice géante pour aider à la prise de décision et nous faire gagner du temps. La machine s'était mise au service de l'Homme pour les activités du quotidien : programmer le chauffage de la maison, trouver les horaires de bus…

Mais il semble que cette accélération robotique ait déteint sur notre vie humaine. Une multitude d'activités se succèdent donc à un rythme effréné, comme si l'Homme voulait rattraper la machine. Serait-ce dû au fameux esprit de compétition mentionné plus haut ? À l'envie instinctive des êtres humains de montrer qu'ils sont à la hauteur de la tâche ? « Si ces satanées machines travaillent vite, je vais leur montrer de quel bois je me chauffe ! Moi aussi je peux traiter des données en un temps record ! » Et chacun de se retrouver aux prises avec un oukase temporel, un impératif – « plus vite ! » – faisant le lit de toutes les pathologies.

Comme si le temps courait après lui-même sans jamais pouvoir se rattraper…

Dans la pensée du maître zen Dôgen, quand la contemplation nous libère de l'urgence de l'instant

Où va le temps quand « je » disparais ?

Maître Dôgen a vécu au XIIIe siècle. À des années-lumière d'Instagram donc. Ce qui pourrait rendre sa pensée étrangère à nos vies modernes. Mais, loin d'être un vieil oncle radotant aux soirées d'anniversaire, Dôgen offre des mots touchant à l'universel. Il triture le temps le plus finement qui soit dans un fameux chapitre de son œuvre phare, le *Shôbôgenzô**. Le chapitre en question s'appelle « U-Ji », que l'on pourrait traduire par « Le temps présence/absence » (d'autres traductions de ce concept évoquent « L'Être-Temps » ou « Le temps qu'il-y-a », l'intuition nous a soufflé ces mots de présence/absence en hommage à Nagarjuna et son fameux tétralemme « C'est, mais ce n'est pas. Ce n'est pas mais c'est etc. »). Car le temps bouddhiste n'est pas clair. Il est et il n'est pas. Tant mieux ! Cette incertitude permet à la magie de faire irruption dans nos vies. Le temps paraît s'écouler du passé vers le futur, mais rien n'est moins sûr. Et d'ailleurs ce temps dont on parle existe-t-il si « je » ne suis pas là pour en constater l'existence ? Où va le temps quand « je » disparais ?

Maître Dôgen propose quelques pistes sur lesquelles nous pourrions sans doute réfléchir une vie durant (si nous avions le temps). Il évoque ainsi l'idée de co-production conditionnée, la théorie centrale du bouddhisme selon laquelle tout est produit ensemble, partout et en même temps ! Dans un instant présent infini, indépendant du suivant et complètement relié à l'ensemble de l'Univers.

Quand Dôgen, l'abbé du temple zen d'Eihei, évoque le temps, celui-ci s'arrête. Peut-être même qu'il disparaît, dans un clignement d'œil. Et l'arrêt qui s'ouvre alors déploie ses ailes dans l'espace infini. Le temps présence/absence, l'U-Ji, est au croisement des mondes, au carrefour du visible et de l'invisible et la direction à prendre n'a aucune importance.

Un temps d'arrêt sur le mont Eihei

Ces mots, ces concepts ont, semble-t-il, pour objectif principal de créer un moment d'arrêt dans notre fuite en avant. Les moines du XIIIe siècle n'avaient sans doute pas les mêmes problématiques qu'aujourd'hui – combien de *like* sur ma photo de dessert au chocolat ? –, mais les enjeux de la survie quotidienne – qu'allons-nous manger à midi ? – devaient leur créer une certaine tension, une agitation intérieure, un stress similaire à celui qui traverse les sociétés contemporaines. À ces difficultés, concernant la vie et la mort, maître Dôgen répond par la contemplation.

S'arrêter pour voir à nouveau.

S'arrêter pour sentir l'Univers dans son mouvement perpétuel.

S'arrêter pour changer, d'un coup, notre perception du temps.

La contemplation, que nous appelons *zazen* (simplement s'asseoir), nous libère de l'urgence de l'instant.

Le sens de la vie, en un clin d'œil

Les langues du monde révèlent parfois elles aussi une certaine fulgurance. Ainsi, en allemand – ma langue préférée –, le mot « instant » se dit *Augenblick*, ce qui signifie clin d'œil. Un instant qui passe avec la rapidité de l'éclair, juste le temps d'un battement de paupières.

Mais c'est encore Dôgen qui fait voler les frontières de l'éternité avec le mot *ksana*. Pour mettre l'accent sur le côté subjectif de notre perception temporelle, il évoque la plus petite mesure de temps dans le bouddhisme, un *ksana*, qui serait proche d'une nanoseconde. Un claquement de doigts équivaut à 60 *ksana*. Ça va vite ! Et, pour enfoncer le clou, il ajoute l'idée suivante, au sujet d'une vie humaine (*Shôbôgenzô*, « Hotsu Bodai Shin ») :

« Nos vies naissent et périssent au cœur de chaque *ksana*. Leur rapidité est telle. Moment après moment, les pratiquants doivent rester connectés à ce principe. Tout en étant dans cette fulgurance, dans l'apparition et la disparition, dans la transmigration de la vie dans chaque *ksana*, si nous manifestons une seule pensée de faire passer les autres avant nous, la longévité éternelle [du Tathagata] apparaît immédiatement. »

La vie serait donc un jeu de miroirs entre l'éternité et la soudaineté offrant à chaque *ksana*, à chaque instant, la possibilité d'ouvrir de nouveaux espaces. Les potentialités de prise de conscience du temps qui passe, et la pause nécessaire qui en découle, sont donc infinies ! Tout comme les changements de vie, de direction, de priorités… Maître Dôgen se pose donc là, de manière poétique, comme le grand coach de nos existences, et convoque les étoiles pour nous motiver : peu de thérapeutes modernes vont si loin !

S'abandonner à l'invisible

世中は	Yononaka wa	À quoi ce monde (cette vie)
何にたとへん	nani ni tatoen	Peut-il être comparé ?
水鳥の	mizudori no	À la lune
はしふる露に	hashi furu tsuyu ni	Reflétée dans une goutte d'eau
やどる月影	yadoru tsukikage	Tombant du bec d'un héron

(tiré du site https://dogeninstitute.wordpress.com/tag/ksana/).

À la lecture de ce poème, un frémissement me saisit. La sensation de toucher une vérité, inaccessible mais constamment présente. Dans le sutra* de Vimalakirti, ce dernier, grand disciple laïc du Bouddha, évoque l'idée de l'*Introuvable*. Rechercher ce qui ne peut pas se saisir, aller vers les choses qu'on ne pourra pas connaître. Ces paradoxes apparents ont de quoi faire tressaillir ; ils me réveillent. Ils résonnent comme un abandon : s'abandonner à l'invisible avec confiance et laisser la goutte d'eau de la vie s'élancer dans l'espace infini. C'est cette énergie, cette intuition, qui anime chacune de mes journées et, si possible, chacun de mes instants. À mesure que les années passent, je sens, avec toujours plus d'acuité, une logique d'ensemble. On l'appelle l'Ordre cosmique : une grande organisation, naturelle, fondée sur l'enchaînement des causes et des effets, comme une immense horloge aux rouages innombrables. S'abandonner à ce vaste ensemble, à la logique d'une interdépendance s'étirant jusqu'aux confins de l'Univers me donne confiance dans la vie. Confiance. C'est le mot. Comme si, plus l'espace s'étirait, plus je me sentais rassurée.

L'être-temps. Le *Dasein*. Est-ce que l'existence précède l'essence ? (*sic*)… Si ces questions vous rappellent vaguement les sujets révisés pour le bac philo en terminale, elles n'en sont pas moins fort concrètes quand il s'agit de les incarner au quotidien. Avec surtout cette grande interrogation au détour des jours : que faire avec ce temps qui n'existe pas… mais passe toujours trop vite ?

Chapitre I

Le temps, une question de point de vue

Temps et choix

Choisir, c'est renoncer

Au monastère comme ailleurs, la question traverse nos journées, comme autant d'occasions de passer de la théorie à la pratique. Dernièrement, une nonne m'a attirée à part avec un petit sourire malicieux. « Ce matin, lors de la réunion, tu as dit que tu ne pourrais pas donner cet enseignement car tu n'avais pas le temps. D'après moi, ce n'est pas la question. On a le temps qu'on veut. C'est juste une question de priorités. Il me semble plus juste de dire alors "J'ai fait un autre choix." Ce n'est pas qu'on n'a pas le temps, c'est qu'on a choisi de faire autre chose. »

Bingo ! Dans le mille ! Me voici bouche bée car la nonne en question est très discrète et se lance rarement dans de si longs discours. Six phrases de suite ! Ce n'était pas arrivé depuis la tempête de 1999. J'entends certains grommeler que je pourrais peut-être en prendre de la graine – être un peu moins bavarde – mais, puisque je ne peux pas réfléchir à plusieurs thèmes en même temps, je vais rester concentrée sur cette histoire de temps et de choix.

J'avais lu autrefois cette sentence abrupte : « Choisir c'est renoncer. » Un adage qui claque ! Une sagesse populaire évoquant à merveille la difficulté qui nous attend : pour apprivoiser le temps, nous allons devoir choisir entre différentes activités, entre différentes obligations, renoncer à certaines le cœur gros… Et libérer ainsi des instants de pause, plus ou moins longs, pour contempler le temps qui passe.

Mais, que choisir ? Quelles sont les priorités ? Et, surtout, qu'est-ce qui m'empêche de m'accorder ces moments de silence au milieu des journées ? J'évoque ici l'idée de faire des haltes – méditation, marche en forêt, observation des vagues ou du mouvement des nuages – pour les plus spirituels d'entre vous. Les autres pourront profiter du temps gagné pour ajouter de nouvelles activités : filer à la salle de sport, installer la nouvelle véranda ou se glisser dans un jacuzzi… En se demandant peut-être, un jour, qui sait, si c'est bien cette vie-là qui devait être vécue.

Souvent, le chemin vers un emploi du temps harmonieux, sans stress et parsemé de haltes, ressemble à un parcours d'obstacles. Il n'y a qu'à étudier ce mot « emploi du temps ». Il suggère que le temps pourrait être employé, voire même utilisé, avec en filigrane l'idée terrifiante de rentabilisation des heures. Malheur à qui va flâner le nez au vent ! De nos jours, il est recommandé d'être performant, d'agir avec stratégie, en poursuivant un objectif précis (SMART*). Les activités de loisirs devront au choix : nous cultiver, être bonnes pour la santé, renforcer notre réseau social ou nous permettre de nous développer intérieurement.

Dans les plannings hebdomadaires, rien n'est dit sur le « rien », cette notion essentielle du zen. *Mu*, en japonais, évoque la splendeur de l'inutilité. Faire les choses comme ça, pour rien, juste quand elles se présentent, sans attendre quelque chose. *Mu* : un mot tout simple pour ramener les choses dans le giron spirituel. Dans cette vie, qui est, osons le rappeler, « comme une goutte d'eau tombant du bec d'un héron », qu'est ce qui nous empêche de ne rien faire ? Ou de faire en étant libéré du désir de faire ? Qu'est ce qui nous retient de vivre dans *Mu, la* poésie de l'inutile.

[...] Respirez
[...] Respirez
[...] Respirez
[...] Ouf...

Une chambre d'hôtel à Rio

Chaque soir au monastère, l'un des plus anciens chante un sûtra (texte d'enseignement) qui se termine ainsi : « Vie et mort sont les seules questions qui valent. Le temps passe comme une flèche, ne soyez pas négligents. » Quand cette sentence est prononcée, nous sommes tournés face au mur, nous venons de méditer cinquante minutes et le soir tombe sur les arbres centenaires. L'impact de cette simple phrase est donc formidable. Qu'ai-je fait de ma journée ? Suis-je encore prête à tout donner pour explorer le mystère de la conscience ? Si je devais mourir demain, ou tout de suite, serais-je satisfaite de mes choix ?

C'est à ces différentes questions que je pense ce soir sur la terrasse de ma chambre d'hôtel. « Une nonne à Rio », on dirait un titre de film ! Je suis logée dans un hôtel 4 étoiles donnant sur la plage d'Ipanema, invitée par ma maison d'édition brésilienne. Les jours précédents nous avons tourné des vidéos, rencontré de nombreux journalistes, et ce matin j'ai proposé un atelier de *zazen* et de silence (le thème de mon livre) aux salariés de l'entreprise. Ce sont des journées bien remplies, assez fatigantes, où j'endosse les rôles de nonne bouddhiste, écrivaine, femme moderne et religieuse, épanouie, promotion oblige.

Ce soir, devant le soleil qui se couche sur la plage d'Ipanema, je pense aux favelas sur la colline voisine, aux enfants qui transportent de la drogue au péril de leur vie, aux écoles sans professeurs et à cet hôtel rempli de touristes. Le temps passe comme une flèche, et moi j'ai le choix. Je peux me déplacer dans le monde entier avec un passeport français ouvrant toutes les frontières. Je peux choisir le contenu de mon prochain repas. Je peux décider de me lever à 8 heures ce matin, grasse matinée, et d'aller dès le réveil prendre une douche chaude ou enclencher la machine à café. J'ai le choix et ce choix est un luxe. Alors, à Ipanema, je fais le vœu : celui de me souvenir longtemps de ce moment. Je garderai en mémoire ce soleil rouge illuminant les vagues, et je me souviendrai de ma liberté. En hommage à ceux qui sont moins libres que moi, j'agirai librement. J'observerai les pensées qui surgissent, et essaierai, chaque jour, de les libérer dans le ciel immense de la conscience. Et puis j'arrêterai de me plaindre ! C'est sûr !

Sinon le fantôme de João Gilberto va venir me brûler les pieds !

Et vous ? Vous choisissez quoi pour apprivoiser le temps ?

Changer notre rapport au temps : la ligne du temps

Si le temps est un concept, une représentation, pourquoi ne pas agir dessus ? C'est l'idée qui préside à l'exercice suivant, que j'ai découvert lors de mes études d'hypnose. Il s'agit tout d'abord de comprendre comment chacun de nous s'imagine le temps, en élaborant un cadre de réflexion. Pas question ici de créer des montres molles ou de subtiliser le sablier du père Fouras. Savoir que je m'imagine le temps comme un vieux monsieur courbé, au nez crochu, tapotant sa montre pour m'indiquer de me dépêcher n'a pas grande utilité en l'espèce.

L'exercice, tout à fait classique, consiste à placer votre vie sur une ligne, avec derrière vous le moment de votre naissance, puis plusieurs étapes marquantes, échelonnées jusqu'à aujourd'hui. Vous veillerez à mettre la *bonne* distance entre les événements, du moins celle qui vous semble évidente. Puis, imaginez une ligne qui traverse ces étapes, de votre apparition jusqu'au moment présent. Cette ligne peut prendre de nombreuses formes : certaines personnes voient un chemin sur lequel elles avancent, d'autres une voie lactée où elles passent d'étoile en étoile ; pour d'autres personnes la ligne de temps change en fonction des circonstances, monte, descend, progresse en ligne droite ou en sinuant.

Et, déjà, cette question : aujourd'hui, êtes-vous *sur* la ligne ? Pour reprendre la maîtrise de sa vie, être bien centré, mieux vaut effectivement commencer *sur* la ligne, quitte un peu plus tard à s'envoler, à virevolter ou à faire des pas de côté.

Et puis ceci : si dans les événements marquants de votre vie, certains vous semblent pesants, pourquoi ne pas les éloigner un peu ? Les faire reculer, plus loin, dans le passé afin d'en alléger le poids ? Éloigner l'impact de l'événement en le mettant à distance, voire à très grande distance : c'est une technique, bien connue des adeptes de la programmation neuro-linguistique (PNL), qui permet de changer son rapport au temps et aux événements. S'il y a un recul, un espace qui se crée entre moi et mon passé, et si c'est profitable, je vais reprendre pied dans le réel, dans la vie présente, de manière différente.

Pour retrouver le temps de faire les choses, je peux aussi éloigner mentalement les échéances. Ce livre, par exemple, doit être remis au mois de décembre, bibliographie et notes de bas de page incluses. Un livre, c'est du sérieux ! Ça demande un gros travail d'élaboration, de réflexion, de recherches (Je précise cela à l'intention de mon éditeur dans l'optique inavouable d'obtenir une augmentation... Mais, chut !...) Donc, si je place ce mois de décembre, ce livre, sur ma ligne du temps à trop courte distance, je risque de me sentir mal : « Hou là là ! Je dois me dépêcher, je n'aurai jamais fini à temps. En plus avec tout ce que j'ai à faire en parallèle, c'est presque mission impossible, etc. » Vous connaissez le dialogue intérieur qui peut naître alors, accompagné au choix de colère (« on » me donne trop de choses à faire en ce moment), de culpabilité (je vais devoir repousser l'échéance, qu'est-ce qu'« on » va penser de moi ?), de malaise (je suis vraiment en dessous de tout... Même pas capable d'écrire un bouquin potable)... Ou autre émotion qui vous est familière. Dans ce cas, j'ai, entre autres, les possibilités suivantes : éloigner mentalement l'image du livre, créer plus d'espace entre maintenant et le mois de décembre, bref, changer l'idée même du temps, pour retrouver une sensation de liberté. Si décembre est un peu plus loin, cela me laisse le temps de travailler plus paisiblement. En étant soulagée du stress « Chronos », je vais pouvoir, avec les idées claires, mettre en place une méthode de travail rigoureuse et réaliste. Ce système est idéal pour réévaluer les échéances d'examen mais demande un juste réglage interne. Si votre objectif est trop lointain, vous risquez, à l'inverse, d'être démotivé et d'aller profiter des happy hours au lieu d'ouvrir votre livre de chimie.

Alors, pour finir ce petit conseil en forme de clin d'œil : prenez le temps de régler la distance !

Chapitre 2

Bonheurs et misères de la communauté

Préambule : promenade dans un temple vide

Depuis quatre jours, le monastère est vide. Les moines, nonnes et laïcs qui résident sur place à l'année se sont rendus en force dans un autre temple, La Gendronnière*[1], pour aider à l'organisation d'un colloque sur le thème de l'environnement. Là-bas, ils feront l'accueil, le service, la cuisine, ce qu'on appelle le *samou* dans notre idiome zen. *Samou*, le travail bénévole pour la communauté, le Don de son activité sans rien attendre en retour.

Cette fois, je suis restée sur place pour être la gardienne des lieux et Juliane, une laïque allemande, m'a rejointe avec sa chienne Idy. Ensemble, nous soignons les poules, arrosons le jardin, accueillons les visiteurs, qui flânent dans les jardins et profitons d'un temple… sans ses

1. Le temple zen de La Gendronnière est situé près de Blois (Loir-et-Cher). Il a été fondé par le maître japonais Taisen Deshimaru et peut accueillir jusqu'à 400 personnes. C'est notre monastère de référence.

habitants ! Car, lorsqu'il est vide, le monastère est un petit paradis. En temps ordinaire, les lieux fourmillent de pratiquants affairés, les horaires sont stricts et précis, le lever est aux aurores, le programme soutenu du matin au soir et la concentration à son paroxysme. Alors, un temple vide, c'est un peu les vacances ! Pas d'horaires à suivre, pas de litiges à régler, pas de réunion d'organisation, pas de négociations devant le tableau de responsabilités... Le rêve.

Bien sûr, sur le long terme, cela manquerait singulièrement de sens – ni méditation, ni rituels – et c'est ce qui fait le délice de ces moments, rares, dont je peux profiter sans culpabiliser. Dès ce soir, toute l'équipe revient et, dès demain, le programme reprend dans sa rigueur et sa dimension spirituelle. Mais là, tout de suite, je profite : un lieu silencieux, à l'écart du monde et hors du temps. Un lieu où je vais pouvoir m'asseoir quelques instants pour écouter les petites cascades qui ornent le jardin zen, enlever mes chaussettes et laisser l'eau fraîche ruisseler sur mes petons... Sauf si les touristes se pressent dans les jardins, ce qui arrive souvent le dimanche.

Les défis de la vie monastique

Un microcosme bigarré

Vivre dans une communauté monastique n'est pas donné à tout le monde. Pour certaines personnes, cette expérience serait même proche du cauchemar : des individus, se côtoyant du matin au soir, durant de longues années, sans échappatoire. Au travail, on rentre chez soi le soir. En famille, généralement, nous avons choisi nous-même nos colocataires. Sur un bateau, espace clos par excellence, on peut envisager l'arrivée au port. Dans un monastère, rien de tout cela. Les personnes qui y résident se sont installées sur place petit à petit, avec chacune un passé, un âge et des expériences de vies très diverses. Elles forment un groupe intergénérationnel d'une diversité inouïe. Ce qui réjouirait un anthropologue mais ne facilite pas le vivre-ensemble.

Comme point commun, nous avons l'envie de pratiquer la spiritualité zen et d'être en immersion dans un cadre monastique. Comme divergence nous avons... tout le reste !

Avec quelque vingt ans d'expérience sur place (depuis 2001), je peux pourtant vous dire que le défi mérite d'être relevé. J'y suis arrivée toute petiote, à l'âge de vingt-six ans, et ai pu, dès le début, profiter du groupe pour mettre en lumière mes failles affectives. Il y a vingt ans, la moyenne d'âge était proche de la cinquantaine. Il y avait aussi un petit groupe de jeunes, un peu à part, auquel j'appartenais : un menuisier, un artiste sculpteur, un coach, une étudiante et quelques autres. Les plus jeunes sont partis au bout de cinq ou dix ans, après avoir, au choix : rencontré l'âme sœur, eu envie de retourner en ville ou changé simplement de priorités. D'autres ont pris leur place, jeunes ou moins jeunes, tandis que les cinquantenaires restaient soudés et continuaient de faire tourner le lieu.

Premier défi : l'âge

Avec ce groupe-là, j'ai entre dix et vingt-cinq ans d'écart. On les appelle les anciens et, de fait, j'y suis intégrée. Les anciens, selon la terminologie en vigueur, ce sont les moines et nonnes qui pratiquent depuis de longues années et ont la responsabilité d'enseigner. Étant arrivée très jeune, me voici ancienne… Sans en avoir l'âge ! Heureusement, la nature a fait blanchir mes cheveux assez tôt et, les quelques poils sur le caillou qui me restent, couleur poivre et sel, me permettent parfois de faire illusion. Toujours est-il que la frontière générationnelle se fait souvent sentir, et demande doigté et vigilance.

À une époque, j'ai dû enseigner les cérémonies (responsabilité d'Ino* dans un temple zen) à des personnes beaucoup plus âgées et parfois plus anciennes (pratiquant depuis plus longtemps) que moi. Le défi était de taille. Les monastiques me regardaient arriver en sautillant – mon mode de déplacement habituel – avec circonspection et contestaient régulièrement ma légitimité avec des remarques du type « Ah bon, tu penses que le coup de clochette est à ce moment-là ? J'ai pourtant appris le contraire au Japon (*la* référence) mais si tu y tiens, c'est toi l'Ino… » (petit sourire ironique en prime). Le temps a passé et, aujourd'hui, je les comprends : se faire enseigner les règles par une jeunette à peine sortie de l'œuf a de quoi faire rager. On trouve d'ailleurs des situations analogues dans les entreprises, où des cadres fraîchement diplômés dirigent des équipes de vieux briscards. Pas simple ! Mais cette situation fut extrêmement formatrice et, pour passer l'épreuve, j'ai dû progresser sur deux thèmes inépuisables autant qu'interdépendants : la confiance en soi et le regard de l'autre.

Aujourd'hui, par un concours de circonstances, me voici à nouveau Ino, responsable des rituels du monastère. Douze années ont passé depuis que j'ai exercé ce poste la première fois et je mesure le chemin parcouru. Il consiste surtout en une forme de lâcher-prise : lâcher l'envie que les autres réussissent à tout prix et cesser d'en faire une affaire personnelle. Je montre gestes traditionnels et rituels, de nombreuses façons, de nombreuses fois, puis laisse le résultat se faire de lui-même. C'est parfois réussi, parfois à côté mais, si j'ai fait tous les efforts possibles, c'est OK. Cette évolution peut sembler futile : elle est essentielle. Il s'agit de redonner aux apprenants leur responsabilité. Et, en étant intérieurement convaincu de ses limites, en les acceptant, laisser l'énergie circuler différemment. Chacun a son rôle, enseigner ou apprendre, mais chacun a surtout le loisir de se l'approprier en adulte.

Lors d'une cérémonie, je peux relever un coup de cloche au mauvais endroit et débriefer le pratiquant *a posteriori* : « C'est juste après que l'officiant s'est retourné, pas au moment où il s'incline, qu'il faut commencer la cascade sonore avec la clochette. » Mais je n'en tire aucune conclusion sur la motivation, la concentration ou la capacité du disciple. « Il faut te concentrer un peu plus... » est une phrase que j'espère ne jamais prononcer de ma vie, compte tenu du caractère paternaliste de la sentence. En donnant une information simple et claire, je laisse à la personne le soin de trouver les ressources pour modifier sa pratique à l'avenir. Et, si les coups de cloche intempestifs se répètent, je prendrai le temps, un peu plus tard, pour une discussion profonde sur les motivations ou sur les difficultés provisoires rencontrées (qui peuvent être un simple souci de coordination des gestes). Le plus souvent, ce n'est pas nécessaire.

De la même manière, j'ai décidé de laisser les anciens faire comme ils l'entendent. S'ils souhaitent apprendre ou approfondir certains points, ils viendront me voir, sinon, c'est leur affaire et j'ai cessé de vouloir les changer à tout prix. Avant, j'en faisais une question de principe : « Ils doivent apprendre à bien faire les gestes, c'est mon boulot ! Je l'exercerai jusqu'au bout, quitte à me mettre tout le monde à dos. » Maintenant, j'accepte les limites et n'en fais plus une affaire personnelle. C'est leur choix : ils peuvent me montrer qui a le pouvoir (eux) ou entrer délicatement dans le courant, accepter d'apprendre encore et de goûter au plaisir d'une cérémonie harmonieuse. Aujourd'hui encore, certains contestent régulièrement mes indications, viennent aux répétitions en traînant les pieds ou pensent savoir déjà ce qui est enseigné... Mais l'énorme changement, le quasi-miracle, concerne mon évaluation de la situation. Leur avis ne me touche plus. Je fais mon job du mieux possible ; comment ils reçoivent les choses – ou pas – leur appartient.

Les différences d'âge dans un monastère, le défi de l'intergénérationnel sont donc des sources de remise en question et d'apprentissage : grâce à nos différences, aux conflits fréquents et aux obstacles rencontrés, j'ai découvert la pratique magique du « laisser être », laquelle fait apparaître en filigrane l'idée de confiance en soi, de confiance en l'autre et de confiance en la vie !

Deuxième défi : l'énergie

À mes débuts au temple, j'étais responsable du nettoyage. Co-responsable en fait, et c'était bien là le problème. Mon binôme était un moine plus âgé au tempérament plutôt lymphatique, avec une notion de la propreté qui aurait traumatisé ma mère. Où je voulais passer le balai tous les jours (les salles communes), il préférait un rythme hebdomadaire. Où je voyais des taches sur les vitres, il ne voyait… rien. Et le reste à l'avenant. Ne lui était jamais apparue la nécessité de détartrer une cafetière, ni de laver un ustensile de ménage (« Tu veux nettoyer les balais ? Mais ils vont se re-salir *illico* ! »). Bref, mon purgatoire sur Terre.

Pendant quelques semaines, j'ai essayé de devenir la nonne parfaite. La reine du ménage. Je briquais, lustrais, astiquais du matin au soir. Ma mission était la suivante : faire de ce temple un écrin où tous comprendraient – enfin ! – la merveille de la propreté. Je convoquais à l'appui Dôgen, Keizan* et tous les saints, dont les écrits reflétaient l'exigence d'ordre et d'immaculé. Au bout de quelques semaines, j'étais épuisée !

Pas par les travaux, car j'avais de l'énergie à revendre. Mais par les heures à travailler en pestant, râlant ou maugréant contre mon condisciple. Je l'accusais *in petto* de tous les maux de la Terre et, l'impétrant étant hermétique à toute compréhension spontanée, j'attendais en vain que la situation évolue.

Puis un jour, à bout de nerfs, je me suis rendue au *dokusan**, l'entretien individuel avec le maître. Loin d'une psychothérapie, l'idée des entretiens est de créer un espace privilégié pour approfondir sa pratique. On y parle de coproduction conditionnée, de quatre nobles vérités ou de *shin jin datsu raku*[1] mais on y parle surtout de relations humaines ! Conflits avec les parents, les frères, le conjoint, le boss, amour sans retour ou séparation douloureuse sont les thèmes de prédilection de ces *dokusan,* auxquels le maître se livre avec générosité. Les réponses qu'il apporte ne sont pas communes. Elles s'abreuvent à la source de quarante-cinq années passées devant le mur, quarante-cinq années de méditation non-stop et de face-à-face avec « soi-même ». Cette station assise immuable et continue est un joyaux ! Le maître répond, ou pas, mais l'expérience est marquante.

Ce jour-là, il a donc été question de nettoyage… Et d'arrogance ! Avec délicatesse, en creux, maître Wang-

1. Shin jin datsu raku : abandonner le corps et l'esprit. Expression fameuse décrivant pour Dôgen son expérience de l'Éveil.

Genh m'a proposé d'imaginer la vie dudit moine. Et surtout d'essayer de comprendre, intimement, concrètement, dans quelle énergie il était. Le défi à relever n'était pas celui de faire briller le temple, mais de révéler le diamant de l'empathie : se mettre à la place de l'autre, quelques instants, et réaliser qu'il fait sa part, avec l'énergie qui est la sienne, à ce moment-là. Cette réponse m'a cueillie dans un endroit inattendu, celui de mon manque d'ouverture. J'avais évalué la situation à l'aune de mes capacités, de mon âge et de ma santé, sans tenter une seule fois de comprendre où en était l'autre. Mais plus encore, le maître a glissé la phrase suivante, à laquelle je pense encore régulièrement : « Peut-être que, par rapport à son âge et à son caractère (ledit moine a tendance à marcher voûté, en traînant les pieds et son mode d'expression préféré est le soupir de lassitude), ce moine fait plus d'efforts sur la Voie que toi, qui a de l'énergie à revendre. » Bam ! Comment savoir ? Cette réponse a provoqué un changement complet de perspective, avec à la clé une légère sensation de honte. Comment avais-je pu être si radicale dans mes jugements ? Je suis sortie de la salle sur la pointe des pieds, mais le cœur plus paisible, serrant contre moi, comme un trésor, une nouvelle compréhension.

Alors – on ne se refait pas, ou alors pas si vite –, j'ai continué à pester régulièrement devant des chaussures mal rangées, mais ai aussi ouvert la porte à une notion-clé, à une émotion nécessaire pour le vivre-ensemble : la tolérance.

Troisième défi : homme et femmes

Le thème du ménage est idéal pour lancer le prochain : la parité ou plutôt son étrange absence dans le zen, jusqu'à une date plutôt récente. Quand je rencontre des journalistes, une question fréquente est celle de l'égalité homme/femme dans le bouddhisme. Et là, inutile de le nier : nous revenons de loin ! Longtemps, inspiré du patriarche, le maître Taisen Deshimaru (1914-1982), le zen sôtô était une école « couillue », une voie de samouraï, dont la direction était concentrée entre les mains de quelques hommes : ceux qui parlaient le plus fort (comme dans la France des années 1980, soit dit en passant). Maître Deshimaru, que l'on appelle tendrement Sensei (du japonais professeur, maître), avait mis l'accent sur une pratique énergique, *strong*, sur le dépassement de soi et sur la compétition entre disciples pour motiver ses troupes. Il s'adressait à l'époque – dans les années 1970 – à un groupe de gens assez jeunes, en révolte contre la société, parfois mal dans leur peau, auxquels ces idées ont procuré un cadre, une trame rassurante, pour avancer dans la vie. Ces méthodes ont fait leurs preuves, permettant à la mission du maître de continuer avec force quelque cinquante années plus tard, mais en laissant dans l'ombre les femmes, reléguées longtemps aux postes de secrétaires ou de « clochettes [1] ».

1. Clochette est la fonction d'un moine ou d'une nonne précédant le maître sur les chemins et en faisant sonner une petite cloche. Ces sons appellent à la Pleine Présence et tintent avec légèreté et

Et puis, la société évoluant, de nouvelles générations sont arrivées sur le terrain de jeu, abreuvées d'égalitarisme et nourries au combat des féministes de la première heure. Les hommes du début ayant vieilli, le terrain était libre pour un changement notable de paradigme. Celui-ci s'est opéré très vite, en miroir des évolutions sociétales. Où une assemblée monolithique de maîtres zen décidait auparavant sans contradicteurs, on trouve maintenant une parité quasi complète, et des femmes libres n'hésitant pas à prendre la parole et à défendre leur point de vue. Le nombre de pratiquantes a aussi augmenté à mesure que le zen s'ouvrait et devenait plus doux. D'aucuns prétendront qu'il a perdu son âme et que c'est le début d'un long déclin. Le point de vue mérite d'être entendu pour conserver un juste équilibre entre douceur et énergie, entre masculin et féminin, si tant est que ces qualités soient l'apanage des uns plutôt que des autres.

Aujourd'hui, en 2021, les femmes dans le bouddhisme zen ont donc voix au chapitre. Elles peuvent enseigner, avoir des disciples, diriger des monastères ou être conférencières. Il y a vingt ans, quand j'ai commencé à pratiquer le zen, la situation n'avait rien à voir, et assister à une évolution si rapide a de quoi rassurer le plus pessimiste d'entre nous. Ce changement de perspective n'est pas seulement dû à une prise de conscience soudaine des

---

harmonie. En pratique, peu d'hommes avaient envie d'être « clochette » et la fonction a pris désormais le nom *fukudo*.

hommes maîtres zen, elle s'inscrit dans une évolution globale de la société, de la parité et du mouvement #MeToo.

Tout n'est pas encore gagné et, lors d'un conseil d'administration récent, j'ai pu entendre la phrase suivante, de la bouche d'un homme : « Il faut mettre des femmes lors de la table ronde sur l'environnement, sinon on va se faire critiquer. » Il reste donc un bout de chemin à faire jusqu'au moment où l'on pourra entendre : « Il faut mettre Unetelle à la table ronde car son propos sur la question est très intéressant. » Mais cela n'est pas propre au bouddhisme.

En Asie, la route est encore longue. Je me suis rendue en 2009 à la célébration du Vesak* organisée en Thaïlande, sous l'égide de l'Onu. Une réunion des figures mondiales du bouddhisme, près de cinq cents personnes, venues de tous les pays. J'y étais invitée pour accompagner maître Wang-Genh, alors président de l'Union bouddhiste de France (U.B.F.). Sur la photographie de groupe, un gigantesque panorama, nous étions… deux femmes ! Une nonne tibétaine et moi, perdues au milieu des moines, lesquels nous regardaient avec circonspection, se demandant à quel moment on allait enfin nous faire sortir du cadre. Notre apparence d'Occidentales nous a sauvées ; personne n'a osé nous dire quoi que ce soit. J'ai donc pu assumer, avec une certaine dose de colère, le statut de représentante des nonnes, tandis qu'une partie de moi se demandait s'il ne valait pas mieux purement et simplement boycotter la photo. Vaste dilemme.

Une autre situation analogue, et plus récente celle-ci. Nous sommes au restaurant avec deux moines japonais, d'une cinquantaine d'années. Ils pratiquent comme moi depuis vingt ans, ou parfois moins, et exercent des fonctions élevées dans des temples ou des administrations. La tablée est sinon composée de l'abbé de mon monastère (Ryumonji), de deux moines occidentaux, et d'un laïc, tous des hommes. Au début du repas, nous nous livrons au rituel de l'échange des cartes de visite, si important au Japon. Ou plutôt : les Japonais sortent des cartes, et nous réalisons que nous n'en avons pas, sauf le maître, qui a l'habitude de ces entrées en matière. Toujours est-il que tous les hommes présents reçoivent une carte, sauf moi. Les moines rangent leur portefeuille sans sourciller tandis que je me demande si je suis invisible, puis me félicite dans mon for intérieur de ma contribution à la préservation des forêts (pas de carte, pas d'arbre coupé), on se console comme on peut !

Ces deux exemples n'ont pas pour but de stigmatiser le statut des femmes en Asie, où certainement la situation va évoluer peu à peu et se normaliser. Plutôt de se rappeler d'où l'on vient et de constater le chemin express parcouru ces dernières années, à la fois dans le bouddhisme et dans la société, pour se rapprocher de la parité. C'est très positif, bien qu'il faille rester vigilant. Je n'hésite d'ailleurs pas à signaler quand la représentation féminine fait défaut (lors de cérémonies, tables rondes, conférences, retraites spirituelles...). Cette technique – la vigilance paisible – partagée par de nombreuses consœurs, commence doucement mais sûrement à porter ses fruits.

Quatrième défi : la promiscuité

Pour être franche, le plus grand défi d'une vie dans un monastère, zen qui plus est, n'est pas la promiscuité mais celui de « suivre les règles ». Le thème est tellement riche, il y a tant d'histoires amusantes à raconter que j'y consacrerai de longs développements au chapitre 4. Car, suivre les règles ne me dérange pas... quand c'est moi qui les fixe ! Nous y reviendrons. Pour les plus impatients, le chapitre 4 débute page 125. Pour les autres, ceux qui lisent les livres dans l'ordre – et ont donc toutes les qualités requises pour pratiquer la rigueur du zen –, la suite pourrait aussi vous faire poiler un brin.

Car le défi de la promiscuité mérite qu'on s'y attarde. Inscrit aux tréfonds de nos cerveaux d'*Homo erectus*, l'instinct de territoire est des plus puissants. C'est lui qui tend mes muscles imperceptiblement quand une personne entre dans mon espace vital sans y avoir été invitée. Dans le métro, dans un café, au travail, les occasions d'intrusion, conscientisées ou non, sont nombreuses. Lors de mes études d'hypnose, nous avons expérimenté le thème de la proxémique pour ressentir l'espace dans lequel j'autorise encore une personne à s'approcher, ou pas. La zone intime, donc inviolable, diffère d'un individu à l'autre, et ce, pour différentes raisons : certains préfèrent beaucoup d'espace entre leur corps et celui des autres afin de garder une distance et de mieux voir leur interlocuteur. Pour d'autres, un trop grand écart est ressenti comme un rejet, un éloignement, et ils se sentiront rassurés par le contact physique (main, épaule, etc.). Chacun est différent sur ce point. C'est intéressant à observer et cela permet d'adapter son langage corporel en fonction de l'autre. Un peu d'observation suffit en général pour savoir de quoi la personne a besoin, distance ou proximité, pour qu'il se sente à l'aise en notre compagnie. Cette modalité de connexion utilisant l'espace entre les corps est très utile : elle favorise la communication, installe une zone agréable dans une discussion et permet de travailler ensemble en harmonie.

La période de Covid est du pain béni pour les plus visuels, les moins tactiles d'entre nous, qui peuvent profiter des injonctions médicales pour justifier la distance. S'éloigner de l'autre physiquement est une recommandation du ministère de la santé, pas question alors d'enfreindre la loi et de se risquer à le toucher. Pour les individus habitués au contact physique, qui s'en nourrissent, la période est douloureuse. La société a pris comme norme une distanciation corporelle les mettant extrêmement mal à l'aise et pouvant même leur donner la sensation de rejet. Sans compter les masques dissimulant les expressions du visage, la frontière est proche d'une société de robots… mais c'est un autre thème.

Dans un monastère zen, nous sommes souvent proches physiquement les uns des autres – durant la méditation, les cérémonies, les repas –, mais cette proximité physique est encadrée par de très nombreuses règles, des gestes précis du corps, des rituels qui rendent le côtoiement des plus naturels. Nous avons peu de latitude pour choisir la distance entre nous, qui est imposée par la situation.

Pour autant, malgré les codes, ce fonctionnement de groupe côte à côte est parfois pesant et l'on se prend à rêver d'une île déserte, avec quelques poissons muets pour compagnons de fortune. Au moment des repas, par exemple, lesquels semblent concentrer toutes les épreuves de l'expérience communautaire : R. mastique ses plats avec un volume sonore non homologué, V. fait une grimace en apercevant le menu, S. ne sert jamais personne et N. contrôle les actions des uns et des autres pour vérifier que le rituel est exécuté parfaitement.

Il faut dire que le moment du repas dans le zen est très spécial. Il suit une liturgie ancienne appelée *oryoki**, à côté de laquelle le cérémonial de la cour du Roi ferait passer son chambellan pour un béotien. Une série de gestes, salutations, mouvements de cuiller, inclinations, chant de sûtras et autres offrandes de pain, destinés à faire de ce moment un événement exceptionnel. Et c'est le cas ! Nous avons la chance d'avoir à manger – même de manger bio – et des textes pour remercier l'ensemble des causes et conditions ayant permis cela. Ce rituel, proche d'une cérémonie du thé, honore le repas. Les chants mentionnent la myriade d'événements ayant précédé l'arrivée du plat sur la table. Nous remercions le Soleil, qui fait pousser les légumes, la pluie, les paysans, le cuisinier, la chance d'être nés ailleurs qu'au Yémen ou au Venezuela. C'est chaque jour l'occasion de réaliser à quel point un aliment est précieux. Le repas est donc une liturgie…

Gâchée par R., qui mastique à voix haute ! Jamais entendu quelqu'un faisant tant de bruit en mangeant !

À chaque repas, j'ai grâce à elle l'occasion d'apprendre l'un des éléments clés du bouddhisme zen : le non-jugement. Il ne s'agit pas d'un raisonnement intérieur destiné à contrer le précédent : « Kankyo, vraiment, tu n'es pas très sympa, toujours en train de faire des commentaires sur les actions des autres, c'est contraire aux préceptes bouddhistes que tu as reçus, tu ferais mieux de te concentrer sur ton repas dans les *oryoki*, cesse de regarder autour de toi... Et blablabla et blablabla... » Cette petite voix intérieure, mélange de ton d'adjudant-chef et de prêtre en pleine homélie, n'est pas à rejeter en bloc. Elle pose des limites à mes actions et pensées quotidiennes. C'est une sorte de cadre, de garde-fou, intégrant les valeurs bouddhistes pour essayer de les actualiser au quotidien.

Mais, le « non-jugement », c'est autre chose. Il s'agit de prendre conscience en temps réel de l'enchaînement des pensées. Par exemple : image de la nonne en train d'engloutir son plat, jugement intérieur sous forme de phrase courte. Et, dès la prise de conscience : lâcher ! Le non-jugement, c'est sortir du jeu, s'extirper de la mêlée dès qu'on a réalisé y être enfermé. Durant le repas, je vais désamorcer ma tendance naturelle – et bien française – à critiquer, en prenant conscience des mots intérieurs qui formulent ces jugements, et en les oubliant le plus vite possible. Voir et se détourner (si l'on peut dire).

Pour commencer, quand le discours intérieur est inaccessible – faute d'habitude ou de concentration suffisante –, je peux aussi faire cette chose toute simple : arrêter de regarder l'autre ! Lui lâcher la grappe, le libérer de mes yeux accusateurs, lui restituer l'espace pour vivre sa vie et me reconcentrer sur la chose primordiale à ce moment-là : le repas. Au lieu de créer une énergie tendue entre nous deux, avec pour objectif inavoué et arrogant de faire changer l'autre, pour le bien de la communauté, je le laisse en paix. Lorsque cela arrive pour la première fois, c'est comme un soulagement profond. La tension cède la place à un immense espace ouvert entre tous les êtres. Je renonce à poser mon empreinte sur le monde, mais ce renoncement fait figure de révélation. Ni plus ni moins. Alléluia ! (si vous me permettez cet emprunt interreligieux).

Alors ma condisciple n'a jamais rien su de ce combat intérieur, de cette lutte entre moi et moi-même, qui s'est résolue dans un changement de paradigme. Une nouvelle vision s'est ouverte au cours d'un repas, et je ne remercierai jamais assez R. de l'avoir initiée.

Pourtant, en écrivant les lignes ci-dessus, un sentiment de culpabilité féroce m'a envahie. « Quelle honte de passer ainsi les gens au crible de mes pensées négatives ! Comment ai-je fait pour prendre autant de temps à harceler intérieurement une pauvre nonne, très gentille au demeurant ? Heureusement qu'elle n'en saura jamais rien, je ne pourrais plus me regarder dans la glace... » Visiblement, le non-jugement, le lâcher-prise n'ont pas encore été complètement intégrés dans mon discours intérieur. Il s'est certes détourné de la critique envers l'autre, mais a rejoint le camp des pénitents éternels, avec auto-flagellation, port du cilice et *tutti quanti*. « C'est ma faute, ma grande faute ! »

Par chance, il est 18 h 15, c'est l'heure du *zazen*, et – dans le grand silence qui se dessine – « je » vais pouvoir aller observer tout cela pour tenter de déraciner quelques plants de karma.

Une communauté exemplaire : « ma petite troupe »

Je les appelle « ma petite troupe » : une harde de chevaux en semi-liberté, vivant ensemble à deux pas du monastère. J'ai résisté – deux chapitres – avant de me lancer dans un panégyrique de mes fidèles idoles, de rédiger une ode à leur splendeur, de les décrire dans une contemplation béate mais... je craque ! Tant de pages sans parler d'eux est simplement un crime de lèse-majesté. Il m'a d'ailleurs semblé lire quelques grammes d'étonnement dans leurs yeux la dernière fois que je suis passée les voir, il y a une heure : « Comment ? Tu écris un livre sans parler de nous ? C'est nouveau ça ! Dans les précédents nous tenions quand même la place centrale. » Puis ils ont fait demi-tour, la tête haute, un brin vexés sans doute.

Ils n'ont pas tort ! Un livre sans Gazella, Efstur ou Litfari, c'est un peu comme Facebook sans petits chatons mignons, un non-sens. Je vais donc vous parler un peu de mes amis, pour lesquels le mot « communauté » est porté à son apogée.

Ensemble, pour survivre

Les chevaux sont des animaux grégaires. Ils vivent, mangent et dorment ensemble, et si l'un est parfois à l'écart, les autres savent exactement où il se trouve. Je parle ici de chevaux au pré, la seule modalité possible à mon sens. Dans un box, ils sont prisonniers. Certains propriétaires gardent leurs chevaux enfermés jour après jour, les sortant parfois pour une promenade ou des exercices dans le manège, mais c'est la cause de grandes souffrances. De la même manière, avoir un cheval seul dans un pré est contraire à ses besoins les plus fondamentaux. Les éthologues conseillent vivement de lui offrir une chèvre, un âne ou même une poule comme compagnie : tout mais pas seul !

Le grand public ignore parfois cet état de fait et est rapide à émettre des jugements de toutes sortes. « Oh les pauvres chevaux sous la neige. Ils doivent avoir froid, ils ont l'air si malheureux… » S'ils savaient ! En hiver, mes poneys sont recouverts d'une épaisse toison et ressemblent à des ours. Ce pelage leur permet de résister à des températures sous zéro et quand viennent les premiers frimas, je les surprends souvent à caracoler de bonheur. Pour peu que souffle un léger blizzard ou que tombent quelques flocons et c'est la fête dans la pâture ! Ils se poursuivent, sautent, font des allers-retours endiablés, avant de terminer, hors d'haleine, devant les barrières, encore tout remplis d'une énergie volcanique. Ce sont des chevaux islandais, habitués au froid, et s'ils souffrent, c'est surtout en été – comme nous – lors des canicules à répétition.

Mais, la plupart des promeneurs qui passent devant les prairies ne prennent pas le temps de regarder vraiment. Ils sont venus avec un but précis – faire un circuit de randonnée, ramasser des châtaignes, traverser la forêt – et le reste ne les intéresse pas. C'est fort dommage car, en prenant dix minutes de leur temps précieux, ils pourraient accéder à un univers magique. Pour inciter à cet arrêt contemplatif, j'ai prévu d'installer en haut des prés quelques bancs en rondins sur lesquels les visiteurs pourront se poser, s'arrêter, ouvrir les yeux et savourer le spectacle de « ma petite troupe ». Pour tout vous dire, ces poneys habitent le paradis : des prairies s'étendant à perte de vue, vallonnées, entourées de forêts. Ils sont nourris au foin, disposent d'un abri et ont de l'eau de source à disposition. Les plus âgés reçoivent des compléments alimentaires qui leur permettent de « garder leur état » selon la formule officielle, de « rester bien dodus » pour le dire autrement. En hiver, c'est ce gras et leurs poils de yeti qui les protègent et les plus âgés, ayant tendance à maigrir du fait d'un métabolisme moins performant, ont droit à une nourriture enrichie. Bref, on les chouchoute et ils sont en pleine forme !

Si bien que, régulièrement, les deux plus âgés font l'école buissonnière en sautant par-dessus les clôtures, ou en se glissant dessous, avec souplesse. Le plus souvent, c'est Gazella qui lance l'offensive, suivie de près par Efstur, mon prince blanc, auquel je pardonne tout. Je vais donc constater les dégâts (piquets arrachés, fils électriques à terre...), puis appelle Lothar, leur propriétaire, dont je vous reparlerai plus loin, pour l'aider à réparer en mimant la consternation. En réalité, je suis fière de mes fuyards et de leur goût pour la liberté : un brin d'identification sans doute.

Les autres chevaux, un peu plus jeunes, sont beaucoup moins enclins à s'enfuir et restent le plus souvent dans la pâture. On peut alors assister à un concert de hennissements déchirants : la cheffe de la troupe, la jument alpha, appelle les autres de toutes ses forces. Elle est inquiète, d'autant que mes deux seniors, occupés à brouter de l'herbe fraîche, n'ont pas la politesse de lui répondre. Ces appels peuvent durer des heures, à échéance régulière, avec une détermination sans faille. La jument tente de manière sonore de rassembler les troupes : l'équipe avant tout. On mesure alors la force des liens qui les unissent et les sons qui s'échappent de sa gorge sont très impressionnants. Un hennissement aigu, fort, poignant, une histoire de vie et de mort. C'est au reste bien de cela qu'il s'agit. Les chevaux se protègent et s'entraident. C'est une question de survie.

L'un d'entre eux est toujours aux aguets, en veille, pour prévenir les autres en cas de danger et se lancer dans une fuite effrénée. Quand tous se couchent, pour se reposer, un cheval reste debout et observe, les oreilles tendues. Ils sont ensemble et forment « un seul corps ».

Un seul corps

Un seul corps, une énergie commune, c'est ce que nous formons dans le monastère à certains moments particuliers. On peut alors voir l'ensemble avancer de concert, en unité complète, sans à-coups et sans atermoiements. C'est par exemple le cas lors de la *Rôhatsu-sesshin**, une retraite de sept jours, en silence, où les méditations se succèdent du matin au soir par période de trente-cinq minutes. Chaque mois de décembre, durant une semaine, nous nous retirons complètement du monde pour entrer dans le Grand Silence. Nous ne répondons pas au téléphone, aux mails, nous ne parlons pas et gardons les yeux vers le bas pour une meilleure concentration. À force de méditations face au mur, d'assise immobile, de contrôle mental et de respirations abdominales, les pensées s'apaisent. Les sujets d'énervement habituels passent à grande vitesse, sans laisser de traces, et peuvent même devenir dérisoires. Un recadrage intérieur, par le silence… des plus efficaces ! En deux ou trois jours, l'ambiance devient magique. Le groupe – près de quatre-vingts personnes – avance ensemble, bouge ensemble, mange ensemble, en harmonie. La volonté individuelle se fond dans un collectif spirituel, pour le bien commun, et prend plaisir à le faire. Moi qui suis comme on dit « un esprit libre » (traduction « une chieuse »), qui suis allergique à la moindre contrainte, j'adore ces journées de cohésion dans lesquelles l'absence de besoins personnels renforce le groupe. Durant une *Rôhatsu*, peu de désirs émergent, faute d'horizon. On est coincés dans un monastère pour sept jours, avec des activités répétitives, inutile donc de penser à : faire la liste des courses au magasin bio, régler ses comptes avec son ex, programmer les prochaines vacances, changer la déco, évoluer dans sa vie, choisir une série sur Netflix, etc. Après des heures de méditation, dans le ronron d'une journée très simple, les pensées elles-mêmes se dépouillent du superflu. Et, dans l'espace ouvert, le groupe se déploie : « un seul corps », né du multiple.

Dans une harde ou dans un troupeau, c'est pareil. Les corps, bien qu'individualisés, semblent interconnectés et les énergies circulent sans entraves. Ils se grattouillent, se frottent, se reniflent. Ils se bousculent, dansent, galopent et incarnent tous ensemble une entité bien identifiée. Ce groupe fonctionne du fait d'un but commun, la survie, un objectif suffisamment fort pour rassembler les individus.

Au monastère, comme dans tout autre groupe, le but commun est une composante essentielle du bien-être de l'individu. Si ce but n'est pas assez clair (faute de vision des membres ou du dirigeant), les énergies ne pourront pas se rassembler, s'unir. Notre but commun lors d'une *Rôhatsu* pourrait être formulé ainsi : « Progresser sur la voie bouddhiste et s'aider mutuellement », ou encore « Partager un moment exceptionnel fondé sur la méditation », ou bien « Entrer de plus en plus profondément dans le Grand Silence ». Mais dans les groupes, un objectif précis n'est pas toujours présent. J'ai connu plusieurs associations dans lesquelles il n'était pas assez clair pour emporter l'adhésion de ses membres. Lorsque le projet est flou, même si les intentions sont louables, ce manque de clarté bloque dès le départ les énergies.

Pour former un seul corps, pour créer une unité de groupe, en prenant modèle sur les chevaux, il nous faudra donc un objectif commun et motivant.

Mais à quoi un groupe uni peut-il donc servir ? La question se pose avec acuité de nos jours, où l'individualisme et le développement personnel ont été placés à l'acmé de la destinée humaine. Qu'est-ce qui pourrait justifier que j'abandonne une partie de mes désirs pour servir ceux d'un ensemble ? Je pourrais ici évoquer l'idée de survie de l'espèce humaine, puisque, en creusant un peu, c'est de cela qu'il s'agit, mais vais pour le moment opter pour un discours plus direct : s'abandonner au groupe permet de se dépasser. Ensemble, on est plus forts. Les poneys l'ont bien compris, les bouddhistes également. Un simple exemple pour vous en convaincre : qui parmi nous serait capable de rester huit heures par jour en méditation, sept jours durant, sans parler, sans aller partager ses exploits sur Twitter, ni se ruer sur un paquet de chips ? Pour ma part, j'en serais bien incapable (surtout à cause de chips) et remercie donc ma harde de retraitants pour l'aide inouïe qu'elle m'apporte à l'occasion des retraites intensives !

Des relations simples

Ma « petite troupe » vit au cœur du moment présent. Elle ne se demande pas de quoi demain sera fait, comment va évoluer la météo, s'il y aura à manger, ni comment faire en cas d'effondrement brutal et mondialisé de la bulle financière. Ces questions complexes sont réservées à d'autres animaux, les humains, lesquels, outre la capacité de réflexion, ont récupéré celle de se torturer l'esprit avec méthode. Alors, il ne s'agit pas ici de fustiger le mental et la rationalité, dont nous nous servons en partie pour écrire ces lignes. Non. Mais plutôt d'inviter le lecteur à se glisser dans le bain chaud de la simplicité.

Notre complexité humaine s'exprime surtout dans les relations humaines. Il est fréquent d'entendre un bipède dérouler avec moult détails le fil d'une interaction avec un congénère, les tenants et les aboutissants, et comment il espère gagner la bataille. Cela s'exprime généralement ainsi : « Alors, là, je lui ai dit… Et il m'a répondu… Mais c'est vraiment trop… C'est toujours la même chose… »

Chez les chevaux, faute de langage, rien de tout cela. Les éventuels conflits se règlent sur le champ de bataille, que le meilleur gagne. Une jument botte l'autre, qui réagit, ça tape une minute sabots contre sabots avec de petits cris aigus, et puis… c'est tout. Durée du spectacle : de trente secondes à une minute. Et c'est fini. Les deux demoiselles ne vont pas argumenter une heure, expliquer les causes de leur comportement à l'aune de la psycho-généalogie, ni raconter la scène à tous leurs amis pour obtenir du soutien. Elles repartent ensuite chacune de son côté et la vie continue.

Quand j'arrive au pré, je suis invariablement accueillie avec joie par la petite troupe. Qu'il pleuve, vente, neige ou fasse soleil, c'est la même chose. Que je vienne chaque jour ou que je sois absente depuis une semaine, itou. Certains propriétaires de chevaux objecteront l'inverse mais je n'ai jamais senti de reproches de la part des chevaux, qui sont nourris et abreuvés, dans tous les cas. Plutôt une joie simple et spontanée : la voilà ! Ils viennent tout de suite, me reniflent, frottent leur tête et cherchent si je n'aurais pas quelques bouts de carotte dans les poches. S'ils ne trouvent rien, ils restent quand même, repartent, reviennent, me poussent gentiment du museau.

Cette manière d'être est rafraîchissante. Dans le bouddhisme on l'appelle « la joie illimitée », *mudita* en sanskrit. C'est la joie sacrée, de savourer la vie. Elle est exempte de calculs ou d'interprétation et se nourrit du chant des oiseaux, du passage des nuages, de la joie de l'autre ou du ruissellement de la pluie. Cette joie a pour caractéristique principale la simplicité. C'est celle que témoigne ma petite troupe chaque jour : une joie d'être au monde ici et maintenant.

Chez les grands sages, on retrouve la même spontanéité. Ils savent, mais ils oublient de savoir, pour être juste dans ce qui est là.

Et si la sagesse avait à voir avec notre capacité d'oubli provisoire ? Et si être en harmonie avec l'autre, c'était lui offrir une présence dénuée d'interprétation ou de jugement ? Comme les chevaux, comme des enfants qui se découvrent pour la première fois, comme ce maître zen souriant aux uns et aux autres avec la même douceur.

Chaque jour dans les prés, je reçois donc ce message essentiel. J'apprends les relations simples en regardant vivre les poneys. Mais faute d'équidés à disposition, chacun peut en faire l'expérience avec d'autres animaux familiers, comme les chats, les chiens, les enfants ou les pigeons, qui tissent leur vie sociale sur les bords des fenêtres. Il y a tant à découvrir pour qui ouvre les yeux.

(Pour ceux qui s'étonneraient de voir « les enfants » glissés au milieu des animaux familiers, c'est un signe de respect et ma façon d'honorer leur présence ici-bas, au même niveau que les sages à plume ou à poil).

Mais comment faire concrètement pour renouer avec « le simple », la relation directe à l'autre sans jugement ni compétition ? Une des pistes les plus spirituelles est sans doute celle de l'admiration : changer son idée sur l'autre, sur soi-même, et utiliser la vie en communauté pour apprendre, grâce à notre alter ego.

Réapprendre à admirer

Admiration et confiance en soi

Quand malaise ou inadéquation sont nos sensations habituelles, difficile d'admirer l'autre. Le temps s'écoule à tenter de préserver les apparences, à avoir l'air à l'aise en toutes circonstances et à dissimuler ses fautes présumées : ne pas être assez bien, assez beau, assez intelligent, assez cultivé, assez stylé, assez sportif, cool, sérieux, sobre, grand, costaud... La liste est longue des écarts possibles entre ce que nous voudrions être et la réalité. Avec, au creux du ventre, un manque de confiance en soi, très énergivore, et beaucoup de temps passé à cacher ses défauts supposés.

Quand on ne se sent pas à la hauteur, pour différentes raisons, les qualités des autres résonnent comme un affront personnel. Il est donc difficile d'apprendre d'eux et l'on se coupe ainsi d'une formidable source de progression. C'est fort dommage ! Une autre méthode de faire pourrait être de choisir, autour de soi, quelques *personnes-ressources*, capables de nous enseigner, de nous apprendre ou de nous inspirer.

C'est ainsi que l'enseignement du zen se transmet depuis des millénaires, depuis l'expérience du Bouddha, avec la création d'une relation de maître à disciple étonnante de richesse et de diversité. On appelle cela être *i shin den shin* : une profonde compréhension entre deux êtres. *I shin den shin* signifie textuellement « d'esprit à esprit » ou « de cœur à cœur ». Cette expression souligne l'effort soutenu du disciple pour aller comprendre le point de vue du maître, pour le connaître intimement, pour déceler les raisons de ses actes et paroles et accepter d'apprendre de lui.

Mais, sans aller jusqu'à cette exclusivité, d'autant qu'un bon maître zen ne se trouve pas sous les sabots d'un cheval, il est possible, au quotidien, d'avoir plusieurs *personnes-ressources*, lesquelles pourront rester complètement ignorantes du piédestal sur lequel nous les avons placées.

Un ami est très doué pour les relations harmonieuses ? Il est de compagnie agréable et emporte l'adhésion ? Imitez-le ! Mais, attention, pas sur un mode superficiel ou simpliste, en profondeur. Demandez-vous comment il fait, ce qu'il ressent, ce qu'il se dit intérieurement dans une situation précise, ce qu'il attend de l'autre, ce qu'il pense de lui-même, ce dont il a besoin, etc. Les chemins sont nombreux pour comprendre précisément comment il fonctionne. Si c'est un bon ami, n'hésitez pas à lui poser des questions, à l'étudier et à apprendre de lui. Ce modèle vous sera fort utile pour élaborer une nouvelle manière d'être, pour envisager un autre comportement dans une situation donnée et permettre ainsi de lancer l'énergie de vie dans une nouvelle direction. Il s'enrichira de vos observations soutenues et de la précision de vos découvertes. Dans tous les cas, la réflexion que vous mènerez sur ce thème vous apportera une meilleure connaissance de vous-même, de vos limites mais aussi de vos ressources.

Vue sous cet angle, la vie en communauté, qu'elle soit monastique, familiale ou professionnelle, recèle beaucoup de pistes pour apprendre et entrer dans la connaissance. L'une de mes consœurs a le don de sublimer le réel : elle profite de chaque occasion pour souligner la beauté du monde, en silence, au moyen de petits gestes délicats et quotidiens. Elle va élaborer un splendide bouquet de fleurs, ranger une bibliothèque pour recréer l'harmonie entre vide et plein, repasser une nappe, ou même remettre en place quelques *zafutons* (tapis de méditation), lesquels, sagement alignés devant l'autel, semblent inviter le pratiquant à quelques prosternations concentrées : les tapis étant en place, au millimètre, ils transmettent naturellement une énergie d'attention et de Présence… Que l'on en soit conscient ou non. Mais ce n'est pas tout. Cette nonne a naturellement une attitude physique élégante, comme une danseuse sur la Voie du Bouddha. Ses gestes sont empreints de déférence et de conscience du corps, et ce spectacle ramène instantanément mon esprit dans le moment présent. Outre la gratitude que j'éprouve, j'ai donc décidé, vous l'aurez compris, de prendre cette femme comme modèle.

Dans notre société pourtant, on observe souvent le réflexe inverse : constater l'avancement d'une personne dans un domaine (plus d'argent, plus de responsabilités, plus d'attentions de la part du chef, plus de goût dans le choix des vêtements...) et laisser libre cours à la jalousie, voire à la colère. Penser ainsi prend sa source dans un manque notable de confiance en soi. Car avoir confiance ne signifie pas posséder en amont toutes les ressources et les qualités requises mais accepter de les acquérir au moyen de l'étude, des erreurs et de la remise en question.

En entrant dans l'admiration, j'ai économisé beaucoup de temps ! Finies les longues heures à critiquer Untel ou Unetelle, à rabaisser les uns pour se sentir plus haut, à énoncer dans des oreilles amicales la liste interminable des supposés défauts de mes condisciples. Finis les boucs émissaires de mon malaise intérieur, pauvres destinataires de mes jérémiades.

Du temps gagné donc, mais aussi de la poésie. Car la nouvelle démarche mise en place, l'admiration, paraît être en telle harmonie avec le sens de la vie sur Terre que le monde en rayonne de pleins feux.

Un maître zen adepte du non-faire

Pour ma part, j'ai donc de nombreux guides, qui ignorent le plus souvent le rôle qui leur est confié !

Par exemple ce maître zen Gérard Chinrei Pilet, que je connais depuis une vingtaine d'années. Il fait partie de cette génération ayant connu le maître japonais Taisen Deshimaru, le fondateur du zen sôtô en Europe. Ce dernier était arrivé à Paris à la fin des années 1960 et – personnage extrêmement motivé et charismatique – avait rapidement rassemblé autour de lui de nombreux disciples… Dont maître Pilet. Tous ces moines et nonnes anciens, fréquentent le même monastère, l'immense domaine de La Gendronnière. Un lieu assez magique à vrai dire, où il fait bon se retirer quelques jours, semaines ou plus, et notamment en période estivale. C'est là – lors d'une retraite d'été – que j'ai rencontré pour la première fois maître Pilet et entendu sa voix si particulière. Le zen est une tradition issue du Japon, avec la figure mythique du samouraï comme archétype. Avec maître Pilet, rien de tout cela. Il parle d'une voix douce, très douce, animée d'un léger tremblement. Chaque mot semble un combat et – de ce fait – demande la concentration la plus dense. Lorsqu'il prononce quelques phrases, soigneusement choisies, l'attention est captivée. Une forme de gentille hypnose, alimentée par la profonde tranquillité émanant du personnage. Dans une société bavarde, rapide, adepte des projets et de la réussite à tout prix, la présence de maître Pilet offre comme une oasis rafraîchissante. Il marche doucement, a des gestes mesurés et une voix à l'avenant. Mais, loin de vouloir se faire entendre à tout prix, ou de tenter d'accélérer le mouvement, il semble avoir pris son parti de cette santé fragile et occupe une place, sa place, de façon claire et impressionnante : la force de la douceur et de l'acceptation, portée à son apogée. Mais ce n'est pas tout. Maître Pilet s'adonne au non-agir et c'est cet aspect que j'essaie – difficilement – de prendre pour modèle. Pour la marche lente et la voix douce, j'ai renoncé – dans une autre vie peut-être ! –, mais pas à cette découverte inouïe du « non-faire », qui peut se comprendre à différents niveaux. Du point de vue le plus élevé, il s'agit purement et simplement de faire confiance à ce qui est là. Faire confiance aux gens et à leur capacité d'évolution, faire confiance à la vie dans ses méandres, ses tourbillons et ses plages de calme, faire confiance au corps et à son savoir inné, faire confiance aux autres pour nous montrer le chemin, faire confiance à l'« ordre cosmique » pour mettre de l'ordre dans le chaos et *vice versa*, faire confiance aux amis et aux ennemis pour nous faire avancer. Avoir confiance, depuis le tréfonds des cellules, c'est le message que porte maître Pilet. Il l'incarne au quotidien et son exemple permet à ceux qui le souhaitent de glisser leur pas dans ceux du maître. Dans l'enseignement invisible qu'il dispense à ses disciples, il y a ceci : laisser faire la vie et attendre que la compréhension profonde du corps ait pris la place de la rationalité superficielle. Pour certains, cette méthode est trop lente, voire timorée. Mais elle puise sa force dans une sagesse ancienne, transmise à travers les siècles : rien ne sert de forcer les choses, laisser être, laisser faire, maintenir le cap et s'ouvriront ainsi la plupart des portes.

Donc j'ai pris cet homme comme modèle mais... ce n'est pas si simple ! Nos univers sont à l'opposé l'un de l'autre : je cours dans tous les sens quand il avance à pas lents, je parle à la vitesse de tir d'une Kalachnikov quand il mesure ses mots, j'ai mille projets à la minute tandis qu'il s'assied longuement pour regarder pousser les fleurs. Pourtant, peu à peu, à force d'y penser et de l'imaginer, un espace de compréhension s'est ouvert, comme un autre rythme.

Et je pourrai bientôt laisser mon modèle tranquille pour continuer ma route, munie d'une sagesse inestimable.

Prérequis pour l'admiration : accepter d'apprendre

Admirer l'autre requiert pour chacun différentes prises de conscience. J'évoquais ci-dessus l'idée de confiance en soi, laquelle permet d'accepter son imperfection ou – pour le dire gentiment – de réaliser la marge de progression dont nous disposons. Mais il s'agit également de faire un pas de côté par rapport à notre fonctionnement habituel, souvent fondé sur la compétition. Le paradigme proposé est autre : accepter que quelqu'un puisse – avant moi – parvenir à un résultat et étudier sa méthode. À l'école, en famille, au travail, le système hiérarchique ou celui de la notation (le fameux tableau d'honneur) a inscrit aux frontons de nos vies l'idée d'une supériorité des uns par rapport aux autres. Et nous passons notre temps à nous demander qui est le meilleur : qui vend le plus de livres, qui est le plus populaire, qui donne les meilleurs enseignements, qui a le plus de disciples ou de followers…

Admirer consiste à comprendre que la réussite de l'autre ne m'enlève rien et que le chemin qu'il ou elle a parcouru avant moi est autant de temps gagné. Un autre sait comment faire ? Tant mieux ! Imitons-le.

Dans l'athanor

Mais comment faire pour prendre modèle, pour imiter correctement ? Il s'agit de comprendre les mécanismes permettant à notre guide d'agir comme il le fait (parler en public avec aisance, écouter les autres, être disponible…) ou d'être ce qu'il est (tendre, attentif, joyeux, sûr de lui…).

Il faut donc l'étudier en détail : ses gestes, son corps, son rythme intérieur, son champ lexical, son énergie, ses méthodes de travail, son entraînement de l'esprit, ses hobbies… Toutes les infos que vous pourrez récupérer seront utiles pour comprendre. Passez-le au crible de votre projecteur, avec délicatesse, et comprenez peu à peu le chemin que vous allez parcourir.

Si vous voulez devenir plus calme, étudier des personnes calmes paraît être des plus logiques ! Vous mettez ainsi en place un modèle, un but précis et aurez beaucoup plus de chance d'atteindre votre cible.

Il est également possible de s'inspirer de vies plus anciennes, et nombreux sont les pratiquants du zen qui ont étudié la vie des maîtres bouddhistes pour permettre au passé de s'incarner dans le présent. Une élaboration d'un modèle sous forme d'hommage, non dépourvue de sentiments, car le pont entre admiration et amour ne se lasse pas d'être parcouru.

Chapitre 3

Qui suis-je ? Dans la tête d’une méditante

Préambule sur le thème de l'ego

Dans notre petit monde bouddhiste, cette expression est assez répandue : « Il faut lâcher l'ego. » On l'utilise par exemple pour demander à une personne de changer de point de vue, de caractère, de façon de réagir, etc. Expression très fréquente, ce « Il faut lâcher l'ego » a le don de me hérisser au plus haut point. Un temps, il suffisait que je l'entende pour prendre immédiatement la direction contraire. Aujourd'hui, j'ai mis de l'eau dans mon vin – si on peut dire – et l'absurdité de la sentence me fait sourire.

« Il faut, tu dois »

Il y a tout d'abord, dès le début de la phrase, ce fameux « Il faut ». Nombreuses sont les personnes allergiques aux injonctions, on les comprend. « Il faut » a un relent hiérarchique, une saveur d'emprise, d'un ordre à suivre, d'une volonté de faire changer l'autre… qu'il soit d'accord ou non. « Il faut » et sa cousine « tu dois » présupposent de la part de celui qui l'emploie cette idée assez particulière : « Je sais ce que tu dois faire et vais t'indiquer la marche à suivre. » C'est bien sûr nécessaire dans certaines situations : « Il faut prendre ce médicament matin, midi et soir », « Il faut trier soigneusement ses déchets », mais, dans le cadre précité, c'est contre-productif.

« Il faut lâcher l'ego » est souvent mis sur la table pour que l'autre change de comportement, bon gré mal gré : « Tu vois Jacqueline, dans cette situation-là, c'est ton ego qui est touché, donc il faut lâcher. » Remplacez le prénom de la phrase précédente par le vôtre – Sarah, Carole, John, Mohammed… – et voyez quel effet cela vous fait. Une personne, qu'elle soit légitime ou non dans son autorité, juge votre comportement, souligne votre erreur et vous indique une direction à suivre, que vous en ayez fait la demande ou non. Tous les éléments sont donc réunis pour que vous envoyiez – *in petto* – la personne sur les roses, ou fassiez mine d'acquiescer sans être le moins du monde convaincu.

À mon sens, pour faire avancer le Schmilblick, il est préférable de questionner la personne, de proposer au lieu d'ordonner, d'être à l'écoute de l'autre et non d'imposer ses propres opinions. La méthode la plus efficace pour qu'elle analyse elle-même les raisons de ses difficultés est la suivante : lui redonner la responsabilité et surtout – surtout ! – ne pas lui fournir le pack « lâcher l'ego » clé en main. Jacqueline peut alors choisir librement d'élaborer une solution ou de rester comme elle est, c'est elle qui décide, c'est sa vie.

Et vous, il est comment votre ego ?

D'autre part, l'expression « lâcher l'ego » est pour le moins étrange. De quoi parlons-nous ? Quel est cet *ego* à lâcher ? Et, surtout, qui s'en occupe ? L'*ego* est souvent connoté négativement. Il représenterait une instance intérieure, qu'elle soit arrogante ou effacée, timide ou haut-potentiel guidant nos actes et nos pensées. Cette image ressemble étrangement à l'inconscient freudien, le loup caché dans la bergerie attendant son heure, les pulsions primaires et incontrôlables prêtes à s'exprimer pour réguler nos vies. Sans nier l'existence d'un cerveau reptilien aux réactions spontanées, l'image de l'inconscient ou de l'ego exposée ici mérite qu'on la questionne. Elle postule une partie de nous à combattre, voire à terrasser, pour la faire enfin rentrer dans le rang. Elle implique aussi une défiance par rapport au spontané, à l'instinct, née bien souvent d'une méconnaissance de son fonctionnement.

Dans le bouddhisme en général, et dans le zen en particulier, nous ne menons pas ce combat… faute de combattant !

Pour faire court : l'ego n'existe pas. Il n'y a donc rien à terrasser. Ce point sera développé ci-dessous.

En attendant, je vous propose ce petit exercice de réflexion, pour ouvrir les portes de vos représentations : et si vous pouviez choisir librement votre idée de l'ego, votre croyance à ce propos ? Le concept d'ego mentionné plus haut ne reposant que sur des élucubrations (gentil ego *versus* méchant ego), vous aurez gagné un temps précieux en mettant en place votre propre version de l'ego : celle qui vous sera la plus utile.

L'idée du soi, un miroir aux alouettes

L'*idée du soi (= ego)*, notre supposée identité, s'est construite années après années en fonction de différents facteurs : ce que les autres disent de nous, ce que nous pensons de nous-même, les événements de nos vies et comment nous les avons traversés. Untel se dira « sportif », un autre « dépressif », un troisième « adulte à haut potentiel ». Cette labellisation intérieure est comme une dictature guidant nos choix. Pour correspondre à mon identité, je vais aller dans telle ou telle direction, quand bien même cette identité n'a plus grand-chose à voir avec la situation présente. Je ne suis plus cette enfant ayant peur du jugement de Papa mais, par fidélité à mon identité, vais continuer à agir comme si. Et j'accepte alors en serrant les poings les diktats de mon patron, tandis que la colère me ronge, sans compter la culpabilité de ne pas être encore capable de savoir dire non.

La fondation de cette identité est en lien avec l'altérité, notre rapport aux autres : j'ai peur de ce que vont dire mes collègues, dans ma famille ça ne se fait pas, si je m'arrête je suis mort, ce n'est pas moi c'est à cause des enfants, je suis quelqu'un de stressé, il faut que je réussisse ma vie… Autant de discours sur nous-même, réaffirmant notre « idée du soi », qui finissent par nous enfermer complètement.

Dans le bouddhisme, pas d'identité fixe, pas d'ego fixe. Cette liberté intérieure (pas d'intérieur/extérieur non plus pour les bouddhistes mais je ne vais pas insister sinon je vais vous perdre !), cette liberté intérieure, donc, permet de réinventer la vie à chaque instant en opérant des choix affranchis des liens de l'ego. En théorie, je n'ai pas besoin de maintenir des habitudes comportementales anciennes pour me glisser dans la case à laquelle je pense appartenir. Pas besoin de ranger la maison comme un adjudant (lits au carré et bottines cirées), de manger des fruits et légumes cinq fois par jour, de mettre les enfants à l'école Steiner ou d'avoir lu le dernier Le Clézio.

Mais pour être franche, au début, ça coince ! « Je suis nonne bouddhiste », « Je suis une bonne pratiquante », « Je suis remplie de compassion pour tous les êtres ». Toutes ces phrases sonnent comme autant d'enfermements potentiels, autant de prisons empêchant l'accès au choix libéré… Et à la maîtrise du temps.

Car les habitudes ont la vie longue, et l'image de soi, l'*idée du soi*, est souvent le thème favori de nos ruminations quotidiennes. Dans les relations aux autres, nos choix vestimentaires, nos envies de déco pour la maison, la voiture, le chien (avec ou sans manteau Burberry ?), c'est cette préservation ou affirmation de l'identité qui se joue en arrière-plan.

Pourtant, j'ai pu constater que cette identité, si forte soit-elle, peut se lisser au fil des années et, sans disparaître complètement, garder l'apparence de l'ancienne en se manifestant de manière beaucoup plus fluide. Je continue dans ma vie de m'exprimer dans le même registre de langue (éducation, lecture…) mais le ton de la voix sera peut-être plus doux, le rythme moins soutenu, et capable de changer en fonction de la situation. Voici pourquoi…

Observer fait tarir la source

Avec la pratique de la méditation *zazen*, ces pensées se montrent au grand jour : nous pouvons les voir apparaître dans le miroir de la conscience. Méditer c'est tourner un projecteur grand format sur notre petit discours habituel et ronronnant ! Une expérience sans concession pour qui s'y livre vraiment. Nous sommes assis, dans une posture précise et énergique, complètement immobile, hormis le mouvement de la respiration, qui va et qui vient tranquillement au niveau du ventre. Dans l'idéal ! En pratique, cet état de concentration et de présence n'est pas forcément au rendez-vous. Et en matière d'immobilité, je constate souvent chez mes congénères une propension notable à bouger la tête. Oh, pas un dodelinement façon vieille dame après le repas (quoique), non, plutôt de petites secousses qui rythment les mouvements du mental. Car – attention, révélation d'un secret ! – quand nous pensons, la tête bouge. Physiquement. Concrètement. Surtout quand les pensées s'enchaînent à la vitesse grand V, sans temps mort, et sans recul sur ces dernières.

C'est souvent le cas pendant le *zazen*, où nous passons alternativement de l'identification aux pensées (petits mouvements de tête) à une sorte d'extraction. Je m'extirpe du flot des mots. Dès que je réalise m'être laissée emporter dans le torrent du mental, je reprends mon petit travail d'observation, je prends de la distance, je me décolle de « moi-même ». Et laisse se déployer la faculté de devenir témoin de ce flux incessant.

(Notons que toutes ces expressions « devenir témoin », « prendre de la distance » sont plus qu'approximatives et effleurent avec peine l'expérience que l'on en fait.)

En observant, sans juger, sans commenter, les pensées se liquéfient. Elles perdent de leur pouvoir. Elles se révèlent plus lointaines, comme pâlies, et parfois même, elles disparaissent à jamais !

Car, à force de les voir surgir, toujours les mêmes, dans le prisme de la conscience, la source s'apaise d'elle-même. Si j'étais mauvaise langue, je dirais que la conscience en a un peu marre : « Ah non, pas encore cette colère ! Ras-le-bol ! Ça fait dix ans que ça dure ! Dix ans que chaque fois que le visage de cette femme surgit dans ta tête tu te mets en rogne. J'en ai ma claque ! Ma claque, tu entends ? C'est fini, je désamorce. Tu ne ressentiras plus rien... Le visage disparaît, devient flou... hop là ! »

Petite élucubration de fin de soirée. En réalité, nous n'avons aucune idée de l'instance, de l'entité ou de la source qui peut bien se mettre soudain à observer les pensées. Le bouddhisme, c'est vraiment étrange ! À peine pense-t-on avoir trouvé une île au milieu de l'océan de la vacuité pour se poser un peu, à peine celle-ci s'évanouit-elle comme un mirage pour nous laisser bringuebaler au milieu des vagues.

Pourtant, même sans voir la source, on peut prouver l'existence de la faculté d'observation par son résultat : il y a bien des pensées qui passent devant l'écran de la conscience, qui traversent la tête, qui apparaissent et sont perçues. Quelque chose vient donc en miroir inversé et ce *quelque chose* permet de libérer les habitudes de comportement, de stériliser les graines de karma.

Cette Source, maître Deshimaru en parlait souvent. Il l'appelait *hishiryo*, le principe secret du zen : observer du tréfonds de la non-pensée. Mais, nommer ainsi *hishryo* peut aussi être un piège, celui de vouloir enfermer cette fonction dans un contenu précis. On nomme, on encadre, on se rassure… et l'Éveil s'éloigne à des annéés-lumière de notre pensée raisonnable.

Du point de vue de l'ego, de l'idée du soi, pour résumer en quelques termes simples, directs et forcément réducteurs : quand on observe les pensées, à force, on les apaise. Donc, toutes les idées que nous nous faisons sur nous-même, sur notre mission, nos capacités extrasensorielles, notre place dans le monde, notre destinée… peuvent être déposées sur le coussin de méditation et nous nous sentons de plus en plus légers.

Se libérer de l'idée d'un soi à protéger ou à améliorer à tout prix nous redonne une grande – très grande –

dose de liberté. La prison aux murs rationnels s'est en partie effondrée, laissant la place à un espace de choix et de décision. Et, dans cet espace, l'ego lui-même a déposé les armes.

> « *Au-delà de la conception intellectuelle,*
> *Clarté du mental.*
> *Détachée de l'émotion et de la passion,*
> *Certitude intérieure* »
>
> Taisen Deshimaru, *La Pratique du zen*

En direct de la boîte crânienne

Mais concrètement, comment faire ? Les méthodes décrites ci-dessous sont très intéressantes d'un point de vue bouddhiste. Les pratiquer régulièrement offre de prendre conscience avec toujours plus d'acuité de la manière dont le monde se crée à l'intérieur de notre crâne. Le monde, comme une représentation interne, se manifestant sous forme d'images, de mots ou de sensations physiques. On les appelle des formations mentales.

J'aimerais donc prendre quelques lignes pour aborder ce point crucial : les pensées. Nous pensons – beaucoup – du matin au soir. Le chiffre couramment avancé est celui de soixante mille pensées par jour, sans préjuger de leur intérêt. Il y a des pensées plus ou moins conscientes, d'autres inconscientes et ces deux catégories guident nos actions et décisions.

Étape 1 : trouver les pensées

Pour faciliter la compréhension et la pratique du zen, j'utilise la classification suivante, laquelle, pour n'être pas tout à fait académique, permet d'y voir un peu plus clair. Les puristes pourront étudier en détail la théorie bouddhiste des cinq agrégats (ou cinq *skandhas**, en sanskrit) et nous faire un résumé pour la semaine prochaine. Pour les autres, voici les infos concrètes… Si tant est qu'une pensée puisse être préhensible.

Nous pouvons distinguer trois formes, trois catégories de pensées. J'appelle *pensée* les choses qui peuvent être conscientisées, même si, bien entendu, elles ne le sont pas toutes. D'après mon expérience de méditation et d'observation, elles peuvent être soit des images (mobiles ou immobiles), soit des sons (extérieurs ou intérieurs, comme la « petite voix dans la tête » que nous connaissons bien), soit des ressentis physiques ou kinesthésiques (catégorie dans laquelle j'intègre les émotions, lesquelles se ressentent dans le corps, comme vous avez pu maintes fois le constater). Devenir conscient de ses pensées, c'est reconnaître la catégorie qui se présente soudain. Pour ma part, la voix intérieure, le monologue, est la plus fréquente et j'aime l'observer en détail pour mieux la connaître. Son humeur varie, sa hauteur, son volume, ses messages… Sans que je puisse savoir ce qui préside à son apparition. Jeanne d'Arc ne saurait mieux dire et j'espère vivement qu'aucun psychiatre ne lit ces lignes, le front barré d'inquiétude. Entre ma supposée dissociation de l'ego (« je » ne suis pas celle-ci) et mes voix intérieures, il aura trouvé un bon sujet pour tester de nouvelles molécules.

Étape 2 : les observer sans intervenir

Le monde intérieur est complexe. Mais identifier le contenu du mental est l'une des pratiques les plus libératoires qui puisse exister ! Juste regarder, entendre, ressentir, sans juger, sans rejeter, dans un accueil illimité. Tout peut à nouveau circuler librement dans le ciel infini et les pensées, tels des oiseaux migrateurs, disparaissent peu à peu à l'horizon. Étonnamment, il suffirait de les voir, d'en prendre conscience, pour les désactiver. Les voir toutes, même la pensée suivante, qui juge la précédente : « Tu as pensé que tu devais observer tes pensées, n'importe quoi ! », ou bien « Encore cette image de Philippe avec cette jeune femme, ça ne s'arrêtera donc jamais ! », ou encore « Hou là là, ce nœud au plexus solaire, plus je l'observe plus il augmente, ça craint, je n'ai aucun pouvoir sur cette sensation, ça fait mal »... *Ad lib.*

On appelle cela, dans la formule zen traditionnelle, « observer sans toucher l'objet » : rester avec la pensée immédiate, la laisser passer dans le tamis de la conscience puis se déposer d'elle-même. D'où vient-elle et où va-t-elle ? Nous l'ignorons. Pourtant nombre d'entre nous semblent emprisonnés dans leur boîte crânienne, dans leur représentation du monde.

Un des chapitres du *Shôbôgenzô*, du maître zen Dôgen, s'appelle « *Shin fuka toku* ». On peut le traduire ainsi :

shin, « esprit » ; *fuka*, « impossible » ; *toku*, « obtenir ». À travers ce texte, il évoque à quel point l'esprit est insaisissable. On ne peut savoir précisément d'où il provient, ni le voir dans son entièreté, ni le maintenir une fois qu'il a été observé. L'esprit demeure donc un vrai mystère, qui renaît à chaque instant en étant produit par la myriade des causes et conditions du moment.

Sachant cela, se laisser définir par une pensée sans substance et insaisissable a tout du paradoxe ! Et la vraie liberté serait sans doute de refuser la labellisation interne, c'est-à-dire toute pensée commençant par « Moi qui suis comme ceci... ou comme cela... ».

Consignes de sécurité avant le décollage

Lors de chaque retraite, de chaque journée d'enseignement, j'évoque ce point. Il est possible d'accueillir les pensées, les émotions, d'en constater l'émergence et – par ce simple constat – de leur permettre de disparaître. Inévitablement, la question suivante se pose : « Comment faire quand ça fait trop mal ? » Comment faire quand la pensée qui apparaît crée une émotion telle qu'elle est difficilement soutenable ? La réponse radicale du zen est : plongez ! Lancez-vous le cœur vaillant au centre de l'émotion. Là où vous pensez mourir. Car, le plus souvent, l'émotion est moins douloureuse que la peur de souffrir. C'est de vouloir sans cesse échapper à la souffrance qui crée le malaise : le comportement d'évitement génère le problème qu'il souhaitait éviter. J'ai peur d'avoir mal, alors j'ai mal.

Première consigne de sécurité

Mais, pour pouvoir plonger sans rester coincé au fond de l'eau, il faut maîtriser les consignes de sécurité. C'est-à-dire savoir, par exemple, revenir à une pratique de concentration si l'expérience est trop désagréable. Vous pouvez alors détourner simplement votre attention de la souffrance en vous reconcentrant sur votre respiration. Sortez de l'eau rapidement et respirez au niveau du ventre, longuement, en focalisant votre attention sur cette seule action. Toute autre pensée a disparu, la respiration et elle seule vous intéresse, comme un refuge, un nid, un endroit où vous poser quelques instants.

Le maître zen Thich Nhat Hanh, réputé pour sa douceur, parle « d'embrasser sa souffrance ». Si la vôtre est comme la mienne, elle risque à votre approche de vous balancer un uppercut en mode « Wesh, tu dégages ! ». Mais à force de patience, de travaux d'approches subtils, quelque chose peut s'ouvrir pour permettre de vivre l'émotion dans son intensité, ni plus, ni moins, et, ce faisant, de la déraciner.

Ni plus, ni moins est l'expression clé de la phrase précédente. La pratique spirituelle du zen consiste à accepter les choses telles qu'elles sont. Pas de renoncement, mais pas non plus de combat pour modifier, améliorer, changer l'émotion ou la pensée du moment.

Seconde consigne de sécurité

La seconde consigne de sécurité pour votre plongée au cœur de l'instant est paradoxale : autorisez-vous à ne pas le faire. Il est parfois préférable de plonger en équipe, ou au moins à deux, si l'on est débutant. Pour le dire clairement, les consignes ci-dessus « plonger dans la sensation », « embrasser la souffrance » sont valables pour des émotions simples. Quand vous avez vécu un traumatisme, ou que vous êtes au milieu d'une traversée très douloureuse, demandez de l'aide. C'est du moins l'expérience que j'en ai faite jusque-là. Plus jeune, débutante, j'ai essayé de rester à tout prix en méditation alors que l'angoisse me submergeait : plus je l'observais, plus elle déferlait, de plus en plus forte, sans qu'aucun chemin ne se dessine. À un moment donné, j'ai quitté la retraite, en me sentant honteuse... Pour commencer une thérapie.

Car, le paradoxe réside ici : les pensées et émotions sont impermanentes mais nous savons parfaitement les cultiver et les faire grandir, tels des permaculteurs en herbe ! Nous y reviendrons souvent dans les chapitres suivants : il est possible d'apprendre à observer ses pensées et à les déraciner.

Alors, l'ego devient ce que l'on en fait, ce que l'on n'en fait pas, et la vie se reflète dans chaque goutte de rosée.

Dans le dojo, comme si vous y étiez

Quand j'ai commencé la pratique, au début des années 2000, la méditation était loin d'avoir la notoriété qui est la sienne aujourd'hui. Les méditants étaient une poignée de bouddhistes rasés – dont moi – ou de yogis à barbichette, souvent considérés comme des hippies sur le retour. Je me souviens d'un journaliste m'ayant lancé : « La méditation ? Pas très sérieux. Et vous parlez aussi avec les esprits ? » Vingt ans plus tard, l'ambiance a bien changé – grâce à la mode du *mindfulness* –, nombreuses sont les personnes qui ont testé cette aventure incroyable : rester immobile, en silence, vingt minutes ! (si ce n'est pas le cas pour vous, pas encore, vous savez ce qu'il vous reste à faire. C'est beaucoup plus impressionnant que le saut à l'élastique. Vous verrez...).

Mais la méditation n'est pas si simple. Il ne suffit pas d'un essai pour y parvenir et le Bouddha Shakyamuni lui-même, plutôt doué en la matière, a mis plusieurs années avant d'atteindre un résultat. De plus, certains enseignants modernes, installés comme tels après une semaine de « Pleine conscience en Ardèche avec nourriture biologique, rencontre avec les arbres et marche silencieuse » (diplôme garanti), confondent royalement méditation et relaxation, méditation et développement personnel, méditation et méthode thérapeutique, ce qui ne facilite pas le chemin spirituel des débutants.

Pour lever quelques malentendus, voici donc une plongée au cœur de *zazen*, la méditation traditionnelle, que vous pourrez découvrir dans son aspect le plus dépouillé tel qu'il est transmis depuis deux mille six cents ans. Rien de moins ! Ici pas de musique transcendantale, pas de tisane bien-être, pas de discours interminables entourant cinq minutes de vrai silence, pas de cercle de parole pour débriefer la profondeur de notre méditation. Rien. Nada. Bienvenue au cœur de l'ascèse !

Face au mur

Entrons donc dans le lieu principal du monastère, là où tout se joue, là où le mystère se révèle : le dojo. Le mot signifie le « lieu [de pratique] de la Voie » (*do* : « voie » ; *jo* : « lieu »). C'est une salle assez sombre, sans décoration particulière, rien pour attirer l'attention ou distraire le pratiquant. Pas de tentures à admirer, de calligraphie remarquable ou de tapis chamarré. Rien. Le sol est sombre, les murs sont blancs et les allées couvertes de petites estrades individuelles appelées *tan*. Nous nous y installons matin et soir pour pratiquer *zazen*, la méditation traditionnelle avec le corps tourné face au mur, pour faciliter notre concentration. Moi qui m'installe régulièrement dans les bois ou dans les prés pour pratiquer, je peux témoigner de l'importance d'un dojo sans aucun artifice, à l'esthétique dépouillée : c'est beaucoup, beaucoup plus facile ! Dans la nature, ou simplement face aux autres, mon regard aurait tendance à papillonner pour ne rien louper du paysage. Devant le mur, rien à regarder et, si certains peuvent déceler quelques figures imaginaires dans les aspérités de la paroi qui nous fait face, le jeu ne dure pas longtemps (note : on appelle cette tendance la paréidolie, joli mot, n'est-ce pas ?).

Dans d'autres traditions bouddhistes, les méditants sont face à face ou tournés vers l'autel. J'ai pu tester ces différences lors de retraites tibétaines ou de méditations theravada et – sans préjuger de leur valeur – je préfère avoir un support, le mur, pour discipliner mon regard.

Le contrôle des yeux

Pendant *zazen*, le regard est incliné vers le bas, à quarante-cinq degrés environ, avec les yeux mi-clos. Nous distinguons encore un peu de lumière, quelques différences de couleur entre le mur et le tapis de méditation. Les yeux ne se ferment pas complètement pour maintenir une forme de vigilance. On parle ici de Pleine Présence, d'une manière d'être en éveil, ce qui implique une présence sensorielle. Comme le disait un maître zen avec une certaine dose d'humour : « Vous aurez le droit de fermer les yeux durant *zazen* quand vous serez restés quatorze ans en méditation sans jamais être distraits. »

Les yeux sont un élément clé pour la pratique. Ils permettent d'accéder à cet espace mystérieux où intérieur et extérieur se confondent. Ils manifestent la circulation possible entre les mondes, entre les consciences, entre le visible et l'invisible, et la position « yeux entrouverts » laisse la place à l'inconnu. Ni ouverts, ni fermés. Avec cette question surgissant des limbes : si ce n'est pas cela, est-ce pour autant ceci ?

Incliné vers le bas, le regard peut s'apaiser. Les mouvements oculaires sont moins nombreux et cette immobilité relative réduit le nombre d'images mentales. L'énergie du regard est directement reliée à la sphère visuelle de notre cerveau et apaiser l'un tranquillise l'autre en écho.

Au monastère, nous avons vite ce réflexe de baisser le regard. Durant les repas, les cérémonies ou même sur le chemin qui serpente vers le dojo. Chaque occasion est bonne pour reprendre le contrôle de la machine mentale. Canaliser les yeux va instantanément ramener notre attention vers le corps, créer une forme de centrage et, partant, nous rappeler l'endroit où nous sommes. Quand des débutants arrivent pour une retraite zen la première fois, je les informe systématiquement de la ressource dont ils disposent : contrôler leurs yeux. Mais surtout, je donne un sens à une pratique qui pourrait sinon avoir l'air un peu austère ou fermée. Si les moines et nonnes ne croisent pas leur regard au cours de la journée, ou pas toujours, ce n'est pas un rejet mais une forme différente de présence à l'autre.

Car, les yeux baissés, nous pouvons voir l'Univers entier !

De la fragilité naît la force

Retour au dojo, où nous sommes installés face au mur. Cela signifie que nous n'avons aucune idée de ce qui se passe dans notre dos. Lors de mes premiers *zazen*, j'étais assise dans un immense dojo de trois cents places, dans un monastère du centre de la France (le temple zen de La Gendronnière). Installée face au mur, au premier rang, comme les autres débutants. Au début de chaque séance, j'entendais derrière moi des bruissements de tissu, des pas traversant le silence, des déplacements. Tout cela était bien mystérieux. Le dos tourné, impossible de savoir ce qui se tramait et, si j'avais globalement confiance en les personnes présentes, une sensation d'inconfort pouvait néanmoins naître de cette incertitude. Étant très bien élevée (trop ?), je n'avais pas le courage de briser la règle et de me retourner. Au début, le malaise et l'insécurité étaient palpables. Puis, les heures – les looooongues heures – passant, devant ce mur vide, les *zazen* se succédant, cette émotion a laissé la place à une forme d'ancrage. Je n'avais rien fait pour y parvenir mais une force s'était installée au creux de mon ventre.

Face au mur, nous sommes absolument vulnérables. Et c'est sans doute l'un des grands enseignements de cette position : accepter d'être de dos, fragile, à la merci des événements, et, ainsi, dépasser nos limitations.

Mais plus encore. La fragilité consentie devient rapidement une force. Car, être installé ainsi oblige à trouver ailleurs que dans la relation à l'autre une zone de stabilité. Ce n'est pas l'autre qui me certifie, mais mon centre qui réapparaît.

Ce centre, pour les pratiquants du zen, se trouve dans le *hara :* un espace de vibration situé trois doigts sous le nombril que l'on appelle aussi traditionnellement le *kikai tanden*. Le *tanden* est un champ d'énergie. Les arts martiaux japonais distinguent trois *tanden*. L'un d'entre eux, le *kikai tanden* est cette zone, au niveau du bas-ventre, à partir de laquelle la vigueur de l'individu peut se déployer. Se concentrer sur cette zone, en avoir conscience, apporte trois bénéfices :

– Stimuler le système nerveux autonome et obtenir une meilleure immunité ;

– Favoriser grâce à la respiration abdominale la digestion avec une sorte de massage interne naturel ;

– Animer des muscles proches de la colonne vertébrale, laquelle va pouvoir s'étirer et se renforcer.

Trois vertus pour le prix d'une ! Notons que la zone du *kikai tanden* est à l'intérieur du ventre et non pas en surface, et donc directement reliée à la respiration.

Pour résumer, la méditation permet à l'être humain du XXIe siècle de réaliser une évolution majeure : faire passer son centre d'énergie de la tête au ventre, de la raison pure au corps incarné, des sphères mentales à une vie plus charnelle (voir le chapitre 6).

Manjusri

Et pour contempler tout ce petit monde, dans le dojo, nous avons Manjusri ! Manjusri, figure tutélaire, le Bouddha assis sur un lion, en posture de méditation, symbolisant l'intelligence nécessaire pour atteindre l'Illumination. En sanskrit, son nom signifie le « saint [*sri*] gracieux [*manju*] ». La statue est installée sur l'autel placé au fond de la salle. Elle est entourée de bougies, fleurs, corbeille de fruits, eau fraîche et encens. Avant le *zazen*, le responsable du dojo fait une offrande d'encens, du santal, pour purifier l'atmosphère. Un parfum délicat, d'essence japonaise, se diffuse dans les allées, avec très peu de fumée pour éviter toute allergie.

Sur l'autel, notre « saint gracieux » est une véritable source d'inspiration. Il ne s'agit pas d'honorer une simple statue ou d'échafauder une croyance pour se distraire du moment présent : pas d'ami imaginaire à nos côtés mais une figure sur laquelle nous pouvons nous appuyer, un modèle. J'en ai longuement parlé au chapitre deux, l'idée est la même : se livrer à l'admiration. Pourtant, avec Manjusri, on monte d'un niveau ! L'être représenté baigne dans les sphères de l'Idéal le plus transcendant. Il incarne un mélange de pure connaissance et de douceur totale et symbolise *in fine* la réalisation spirituelle.

Alors, plus concrètement, en quoi ce morceau de terre façonné est-il si important ? Pour moi, il symbolise la dimension invisible de notre pratique. Sans cette statue et sans l'autel sur lequel il trône, notre dojo aurait tout d'un gymnase ou d'une salle polyvalente. Sa présence permet à la métaphysique de faire irruption dans le décor et change complètement la direction de notre pratique : à certaines personnes méditant pour se sentir mieux, Manjusri oppose la fin de la dualité et transperce les frontières entre « Je suis » et « Je ne suis pas ». Il est souvent muni d'une épée dans la main droite, prêt à pourfendre les malheureux qui feraient de la méditation un objet de consommation. Pour Monju (son petit nom zen), le *zazen* se pratique « sans but ni esprit de profit ».

Nous sommes loin des dérives thérapeutiques ou psychologisantes exposées à longueur d'ouvrages dans notre société « Méditation, la voie du bonheur » – « Réglez vos problèmes avec la méditation » – « Parents méditants, enfants heureux » – « Méditer et trouver le sage qui sommeille en vous », etc. Toutes ces visions présentant la méditation comme un objet de développement personnel ou un outil de progression individuel sont tranchées net par l'épée de Manjusri. Et si le méditant ne comprend pas, il enverra le lion pour convaincre l'impétrant !

Manjusri veille. Il expose en substance la non-substantialité de la vie et son message – révolutionnaire – est une pierre précieuse. Le monde ne se résume pas à ce que l'on en voit ou à ce que l'on en comprend. Pas de croyance derrière cela, une simple constatation faite jour après jour, au spectacle de cette vie si mystérieuse.

Dans son ouvrage – exceptionnel – *21 Leçons pour le XXIe siècle*, le chercheur Yuval Noah Harari fustige l'élaboration de récits sur la vie. Fidèle à la tradition vipassana, il recommande de se libérer de toute idée, de toute théorie, de tout rituel, de toute statue pour retrouver le réel dans leur essence. C'est intéressant et correspond tout à fait à l'enseignement du zen. Mais, pour ma part, je serais moins catégorique. D'une part, parce que demander la fin du récit ou de l'imaginaire est une autre façon de proposer un récit. D'autre part, parce que l'esprit a une tendance naturelle à élaborer, concevoir, rêver, réfléchir. Il me semble que la voie du milieu consiste davantage à en prendre conscience, à ne pas se battre contre les pensées, mais à pouvoir orienter l'esprit dans telle ou telle direction pour modifier le rapport au réel.

Il y a en effet deux voies complémentaires dans ma pratique de la méditation :

– Réorienter l'esprit dans une direction plus favorable (grâce à la concentration par exemple, une capacité du mental ordinaire) ;

– Observer sans toucher en laissant l'esprit complètement libre et en accédant à cette autre dimension que le maître zen Deshimaru appelle *hishiryo*, penser du tréfonds de la non-pensée.

Pour moi, Manjusri s'inscrit dans la première pratique : rediriger l'esprit. Chaque fois que j'entre dans le dojo et croise son regard, sa présence me rappelle à l'infini du monde : une vie, au cœur du moment présent, vibrante d'énergie et reliée aux étoiles. Alors le *zazen* qui suit aura parfois une « petite » dimension, bien humaine, où je pourrai pester intérieurement contre mon voisin qui sent le tabac ou contre le responsable qui a oublié de faire résonner le tambour, mais Manjusri veille. Si j'oublie son invitation au voyage immobile, sa force douce et sa Présence vibrante, je croiserai son visage à la fin, comme un ami sincère : « Hé Kankyo ! Tu fais quoi là ? Ils sont où tes rêves d'infini ? Tu viens de passer une heure inutile à bougonner… » Rappel salutaire, merci Monju !

Dans un profond silence

Au monastère, le silence est devenu peu à peu un allié sincère. Et le temps qui lui est consacré augmente au fil des ans. Nous avons multiplié le nombre de retraites en silence complet et offrons souvent des plages sans paroles de 17 heures à 9 heures le lendemain. Ces fenêtres procurent un apaisement inouï. La possibilité de vivre sans témoigner, sans commenter, sans ajouter son avis sur le monde. J'ai consacré un livre entier au silence[1]. À cette occasion, j'en ai beaucoup parlé, aux journalistes, au grand public, aux pratiquants... Avec tout ce que cette phrase a de paradoxal !

Mes longs blablas sur le silence me rappellent un merveilleux fou rire avec une amie lors d'une session de méditation. Elle était guidée par un maître zen connu pour sa logorrhée. Ce jour-là, le silence était total : quelques chants d'oiseaux fendant l'espace, les tap-tap délicats d'une petite pluie sur le toit, la sensation de savourer un moment précieux, hors du temps et soudain... « Écoutez le silence. Les patriarches du zen ont écrit de nombreux poèmes sur ce thème. » Et notre bavard invétéré de citer des poèmes en pagaille, sans nous laisser le loisir de savourer ni la pluie, ni les oiseaux, ni l'espace. Ma voisine de coussin A. a commencé à se marrer et c'en était fini ! Deux nonnes pleurant de rire, pouffant, tressautant, au rythme des poèmes. Souvenir mémorable !

Face à soi, sans échappatoire

Mon premier *zazen* s'est déroulé dans un monastère, lors d'une retraite d'été. La veille au soir, j'avais reçu quelques instructions sommaires de la part d'un moine assez rude, à l'accent parisien, qui tutoyait allègrement notre troupeau de débutants. « Ok. Alors tu entres dans la salle du pied gauche, les femmes à gauche, les hommes

1. Kankyo Tannier, *Ma cure de silence*, Paris, Éditions First, 2017, traduit en 15 langues.

à droite (*dixit* !), tu fais *gassho* (quèsaco ?) et tu vas te mettre à ta place. Les débutants près du mur. Surtout tu ne bouges pas et ne déranges pas les autres. » Ambiance.

Il avait enchaîné avec deux ou trois informations rudimentaires sur la posture et la respiration pour conclure avec cette phrase qui restera dans les annales de la pédagogie : « Et puis tu laisses passer tes pensées. » Point barre. Comprenne qui pourra.

Il y avait cependant dans ce lieu une atmosphère incroyable ! Des allées remplies de moines, nonnes et laïcs vêtus de noir, arborant de splendides kimonos et se tenant dans une posture droite, énergique, pleine de dignité. Il y avait aussi l'odeur de l'encens, les mélopées des chants de sutras, les sons des cloches, les méditations assises ou en marchant. Il y avait des rituels, des gestes précis, des mots japonais et le défi de méditer de six à sept heures par jour.

Mais surtout, il y avait… le silence !

Les *zazen* s'effectuaient, la plupart du temps, en silence. Le premier matin de la retraite, le maître avait rappelé les principes de la méditation puis… plus rien. De longues heures de vide insondable pour plonger au cœur du moment présent. Le mien était habité d'une profusion de phrases, d'images, d'émotions rendant l'accès au calme pour le moins compliqué. Mais l'atmosphère du lieu, avec les trois cents personnes immobiles, était d'une force tellurique permettant malgré le maelström intérieur de rester immobile de longues heures.

De nos jours, les méditations proposées un peu partout sont guidées. Le silence s'y fait rare et les apprentis méditants sont enveloppés de mots, d'explications, de rationalité. Cette méthode, moderne, est en accord avec notre société mais laisse peu de place pour la découverte empirique. Le cadre, bien que rassurant, peut aussi enfermer. J'y repense souvent en accueillant les nouveaux au monastère Ryumonji. Avec au fond du cœur une insatisfaction chronique appelée en termes directs sinon poétiques « le cul entre deux chaises » : si j'explique tout en détail, les débutants sont rassurés mais ont la tête encore plus pleine qu'à l'arrivée ; si je donne les infos au compte-gouttes, la tension est perceptible, prenant sa source dans la peur de l'inconnu. Bref, des séances de jonglage entre le trop et le trop peu jusqu'à trouver, peut-être, une heure durant, la voie du milieu.

Comprendre au-delà des mots

Lors de ma première retraite, le moine enseignant était en mode minimaliste. Et les compréhensions se sont ouvertes peu à peu. Mais j'ignore encore aujourd'hui si c'était la bonne méthode. Elle m'a convenu car tout le reste enseignait également. Les autres, les repas, les sons, les rituels participaient à créer une atmosphère propice à la pratique du zen. Mais elle a surtout résonné parce que j'attendais ce moment depuis toujours – sans le savoir –, sans doute depuis la nuit des temps : m'asseoir, en silence, face à un mur, le dos droit et le corps présent.

Le silence a constitué quatre-vingt pour cent des enseignements donnés dans le dojo, la salle de méditation, lors de cette retraite zen. Les heures ont passé très lentement, sauf quand mon esprit suivait en musardant un rêve bucolique, lequel, faute de me connecter au moment présent, était tout de même bien agréable. Parfois, les méditations ont ressemblé à ceci : entendre la cloche de début, partir en voyage onirique, puis entendre soudain avec stupeur la cloche de fin, après trente minutes de circonvolutions mentales m'ayant entraînée bien loin du moment présent. Le corps, lui, était resté sur place, ce qui ne laisse pas de m'étonner. Le reste du temps... C'était long ! Long comme un jour sans pain, long comme le discours d'un avocat pédant, long comme l'attente pour joindre la hotline d'un opérateur téléphonique, long comme le temps entre la signature du contrat avec l'entreprise de plomberie et son arrivée sur les lieux, long comme le temps qu'il faut à une vache pour nourrir dans un abattoir après avoir été suspendue par une patte... Long.

Mais ce temps d'attente était riche. S'asseoir dans le vide le plus absolu, sans aucune distraction, sans petits jouets technologiques pour passer les heures, sans podcast, sans musique de méditation, m'a permis de toucher la seule chose vraiment réelle ici-bas : le corps. Et puis, n'ayant plus le choix et ayant épuisé toutes les voies de recours, je me suis posée. Dans le silence offert, l'esprit a rejoint – pour ainsi dire – le corps pour des retrouvailles d'une tendresse étonnante. Pour la première fois, ou presque, une réunification s'est fait jour, avec en son cœur la promesse d'une vie plus douce.

Donc, pour résumer : oui, méditer dans le silence, c'est difficile, mais ça vaut le coup.

Et maître Deshimaru le soulignait avec beaucoup d'élégance avec ces mots :

« Dans le silence s'élève l'esprit immortel
Et, sans parler, la joie vient »

Taisen Deshimaru, *La Pratique du zen*

Chapitre 4

Je veux être libre !...
Ou comment danser avec les contraintes

« Ma liberté, longtemps je t'ai gardée,
comme une perle rare
Ma liberté, c'est toi qui m'as aidé,
à larguer les amarres
Pour aller n'importe où,
pour aller jusqu'au bout des chemins de fortune
Pour cueillir en rêvant, une rose des vents
sur un rayon de lune »

Georges Moustaki, *Ma liberté*

Pour lancer ce chapitre, j'avais le choix. Des milliers de chansons ont pour thème la liberté, avec en filigrane son absence ou sa quête frénétique. Depuis toujours, ce mot résonne en moi comme une terre promise (laquelle en ce moment, par la folie des Hommes, ressemble plutôt à un champ de bataille qu'à un espace sacré ; passons...). Pour commencer ce chapitre, j'aurais aussi pu choisir *Free*, la splendide chanson de Stevie Wonder, ou *Redemption song* de Bob Marley. Mais les paroles de Georges Moustaki sont emblématiques et soulignent à merveille l'ambivalence de la notion. Pour être libre, de nombreux renoncements seront à l'œuvre, avec en premier l'idée même de liberté. Mais nous verrons cela plus tard.

Pour commencer, je vous propose un petit voyage au pays des contraintes, les miennes en l'occurrence, histoire de vous épargner un peu !

Des contraintes ? Quelles contraintes ?

Dans la vie, cela ne vous a pas échappé, les obstacles à notre volonté sont légion. Qu'il s'agisse des autres, de notre chef, de l'argent, de la famille, les éléments semblent parfois se liguer pour nous empêcher de faire ce dont on rêve. Mais l'obstacle principal, mettons le doigt dessus dès le départ, est des plus retors et des plus indociles : nous-même. J'en sais quelque chose, et lutte depuis des décennies contre une idée de la liberté ayant fait de ce terme l'« inaccessible étoile ».

Référence interne, référence externe

Tout a commencé dès l'enfance. Sans entrer dans le détail, j'ai reçu une éducation à l'ancienne, dans laquelle la notion d'obéissance était portée à son summum. Obéir sans réfléchir, suivre les ordres, se glisser dans le moule, tels étaient les chemins proposés… Sans que je puisse un seul instant me sentir concernée ! Dès petite, je suis entrée en résistance. Je disais « non ! » en boucle, ou faisais le contraire de ce qui était imposé. Ce système n'était pas facile à tenir sur le long terme. Les punitions pleuvaient, de toutes sortes, mais une espèce de petit taureau, les poings serrés, résistait à l'intérieur.

Le petit taureau est resté en place, et veille toutefois à se manifester plus subtilement. Au lieu de « non ! », je dis désormais : « Il me semble que nous pourrions au contraire explorer telle ou telle direction... », pour le plus grand bonheur de mes interlocuteurs et la fluidité de nos échanges. Mais le programme initial – résistance – est très performant et entraîne, encore aujourd'hui, de nombreuses conséquences. Certaines sont amusantes, d'autres beaucoup moins.

J'ai horreur que l'on me dise ce que je dois faire. Pour préciser : j'entends par « on » tout représentant d'une quelconque figure d'autorité, qu'il s'agisse d'un moine ancien, de mon conjoint, de la maîtresse de maison où je suis invitée ou de ma collègue responsable des autels.

Quand je travaille dans les prés avec mon ami Lothar, cow-boy ultra-cool de quatre-vingt-sept ans et bricoleur de génie, tout va très bien. Il manifeste un mélange de savoir et de douceur rendant l'apprentissage motivant, voire tout à fait palpitant. Avec Lothar, je ne recule pas d'un bloc quand il me dit (les experts comprendront) : « La masse doit être élevée au-dessus de ton coude, sinon ça sert à rien, tu te fatigues pour rien. » J'acquiesce et recommence à enfoncer le piquet de clôture sans broncher.

Avec d'autres, les chefs, les dirigeants, les sachants, j'ai une sorte de réflexe allergique ! Il suffit qu'une personne assène une idée avec fermeté – « Il faut changer complètement notre site internet » – pour que mon mécanisme de résistance s'enclenche. En psychologie du comportement, c'est ce que l'on appelle un méta programme. Il en existe de très divers. Celui-ci porte le doux nom de « référence interne » et consiste à valider toute proposition extérieure à l'aune de son expérience personnelle. C'est moi qui décide, point barre ! Les personnes atteintes de cette quasi-pathologie en sont généralement assez fières : « Oui, je suis une personne *référence interne**, il n'est pas né celui qui va me dire ce que je dois faire ! » Le programme opposé, *référence externe**, qualifie des individus qui suivent aveuglément le dernier qui a parlé. On en connaît, en aussi grand nombre que les précédents, surtout dans la sphère politique.

Le problème de ces deux tendances est finalement leur excès : trop de résistance ou trop de suivisme seront source de comportements compliqués pour le vivre ensemble. Et paradoxalement, revendiquer la liberté, par exemple, cette indépendance que je revendiquais avec force, m'en bloquait tout simplement l'accès. C'était une résistance de principe, non connectée à la spontanéité du moment et à la diversité des situations. Une habitude de comportement, un « non » programmé, une méfiance face à toute apparence de l'autorité.

En vivant dans un temple, en communauté, j'avais de nombreuses occasions pour en étudier le mécanisme. Je pressentais son inadéquation. Mais, quand les graines ont été arrosées, changer de direction est assez lent, comme un gros paquebot qu'il faudrait faire virer de bord. Mes proches – compagnons, famille, amis – sont encore aujourd'hui soumis au diktat de ma « tête de mule » et je profite de ces quelques lignes pour les rassurer : le changement est en cours et va en accélérant. Les épreuves sont derrière vous !

D'un point de vue plus constructif, les personnes en *référence interne* sont souvent créatives, déterminées, logiques et seront expertes pour relever le défi suivant : trouver des moyens subtils pour collaborer sans imposer.

Un monastère zen au cadre étroit

Pour résumer, le pire lieu de vie pour une personne *référence interne* est un camp militaire… ou un monastère zen ! Ces deux endroits ont des similitudes savoureuses, comme leur organisation hiérarchique, qui hérisserait le moindre anarchiste ou zadiste en goguette : « Comment ? Vous avez un chef ? Mais c'est une forme organisationnelle complètement dépassée ! Je ne pensais pas que les bouddhistes en étaient encore là. Mais c'est vrai que vous êtes une religion aussi, après tout. Et comme disait Marx (pas Groucho, l'autre), la religion est l'opium du peuple… » Nous ne lancerons pas le débat ici, même s'il serait piquant, nous nous bornerons à souligner que les points communs entre armée et monastère zen s'arrêtent là, et que nos buts sont un poil différents.

Toujours est-il que je suis entrée à vingt-six ans dans une structure hyper-hiérarchisée, en bas de l'échelle, dans les conditions les moins propices à la liberté et ce fut… extrêmement formateur !

Suivre les règles

Pour vous dire à quel point je suis sensible à l'autorité, écrire le titre de ce paragraphe m'a coûté ! Le mot « suivre » et le mot « règles » représentent dans mon champ lexical deux prisons sans fenêtre. Leurs sonorités me glacent et créent un réflexe de tension immédiate, que seuls les mots « tête de veau vinaigrette » ou « steak tartare » pourraient avoisiner.

L'idée de « suivre » m'évoque un troupeau de moutons, heureux et surtout inconscients de l'abattoir se profilant à l'horizon. L'idée de « règles » m'évoque une assemblée de vieillards cacochymes décidant de la baisse des allocations logement, chaudement assis sous les ors de la République. Vous imaginez donc l'incompatibilité d'humeur entre les règles et moi, un rejet épidermique. La première fois que je suis arrivée à Ryumonji, un moine assez sympathique m'a présenté les lieux en me disant : « Bon, il faut juste suivre les règles, s'harmoniser et surtout ne pas déranger. » Les présupposés de la phrase précédente étant nombreux, j'ai préféré ne pas m'y attarder et faire semblant d'oublier. Fidèle à son habitude, mon petit taureau intérieur a fait un sourire en coin et rétorqué *in petto* : « Suivre les règles, on verra. Seulement si elles sont justes. C'est moi qui décide ! »

Car voici tout le paradoxe : il y a des règles, édictées par l'abbé ou je ne sais qui, et je suis supposée m'y conformer ou partir. Dans mon monde idéal, il y aurait des règles, on me demanderait mon avis sur celles-ci et on les modifierait si elles ne me convenaient pas. Comme vous pouvez l'imaginer, ce monde idéal n'a encore jamais pris forme, et reste du domaine du rêve. De même que Napoléon ne m'a pas consultée pour écrire le code qui porte son nom, de même le maître zen qui a fondé le monastère se moque éperdument de mon avis sur la question. Et ce, d'autant plus qu'il est lui-même pris dans les rets de normes, règles ou coutumes propres au bouddhisme zen sôtô, qu'il enfreindrait à ses risques et périls.

Les règles sont partout, nous submergent de toute part, et bien malin qui voudrait y échapper. Au monastère comme ailleurs, j'aurais aussi beaucoup d'occasions d'explorer comment ces règles, pour peu qu'elles soient sages, permettent d'approfondir la pratique du zen et de préserver l'harmonie.

Consentir à la règle et… mettre de l'eau dans son vin

Les années passant, j'ai pu constater deux évolutions. D'une part, une révolte spontanée s'apaisant peu à peu, du fait de la pratique intensive de *zazen* et du désamorçage des habitudes émotionnelles qui en résulte. D'autre part, constatation que certaines règles, sans me convenir totalement, peuvent avoir une utilité.

À la lecture de ces deux phrases, mes amis révoltés, de droite ou de gauche, auront sûrement tendance à réagir avec des « principes ». « Ce n'est pas parce qu'une règle est utile qu'elle est juste ! C'est la porte ouverte à la dictature, etc. » En fait, j'ai surtout appris ces dernières années à ne pas faire de généralités. C'est d'ailleurs ce qu'enseigne le bouddhisme, qui juge les choses en fonction des situations et non en fonction de grands principes assenés avec force. Les autorités bouddhistes (Union bouddhiste de France) sont régulièrement consultées pour donner leur avis sur les évolutions sociétales, les projets de loi, la fin de vie, la PMA... Assez souvent, l'avis est très nuancé et redonne la responsabilité de la prise de décision à l'individu, en fonction des circonstances précises qui seront les siennes. Cette manière de voir amène beaucoup de légèreté.

Dans le cadre du monastère, j'ai pu apprendre à suivre les règles paisiblement, sans que la moutarde ne me monte au nez au moindre soupçon d'injustice. Mais ce n'était pas gagné. La clé de cette évolution est sans aucun doute le passage d'une règle imposée à une règle consentie. Si j'intègre que le cadre en place facilite ma pratique (horaires stricts, périodes de silence, interdiction des téléphones portables), l'ensemble revêt un sens et, partant, devient acceptable. Il s'agit aussi, au bout de quelques jours, semaines ou années, de faire confiance au maître qui dirige l'ensemble, et, sans lui accorder un blanc-seing, d'accepter qu'il puisse comprendre des choses auxquelles nous n'aurions pas encore accès.

Ou d'accepter qu'il puisse faire une erreur.

Accepter les erreurs

Le patriarche du zen, Eihei Dôgen, décrivait la fonction de maître comme celle d'un homme allant d'erreur en erreur. Pour étrange qu'elle apparaisse, cette idée n'illustre pas moins la nécessaire modestie dont devrait faire preuve un apprenti zen : devenir de plus en plus souple et compréhensif, année après année. Avec une bienveillance s'exprimant aussi envers soi-même, en acceptant de se tromper, d'échouer et de recommencer muni d'une nouvelle vision des choses.

À mes débuts au monastère, j'étais tendue, aux aguets et l'idée d'erreur me mettait mal à l'aise. Refusant catégoriquement d'être prise en défaut, voulant montrer l'image de la perfection, je manifestais la même intransigeance envers mes condisciples qu'envers le maître. Malheur à qui faisait un faux pas ! Je jugeais mon camarade avec la douceur d'un buisson d'épines, lui cherchais des heures durant des circonstances aggravantes : un accusateur en chef du ministère public n'aurait pas fait mieux.

Et puis, tout s'est apaisé. Après dix années de combat, j'ai levé le camp. J'ai décidé de renoncer au siège de la citadelle du Bien et du Mal et de signer l'armistice. M'est apparue alors la chose suivante : mes jugements radicaux étaient le reflet d'un jugement fort négatif envers moi-même. Je ne trouvais pas grâce à mes yeux, ne savais pas comment traiter ce problème et lançais donc l'offensive à l'extérieur pour retrouver du pouvoir sur les choses. Un mécanisme que nous sommes beaucoup à partager et que je repère maintenant avec tendresse chez mes congénères. Au lieu de me raidir sous leurs remarques, j'observe le non-dit, l'envie de bien faire, la quête de perfection, tout ce qui se cache en arrière-plan. Cette mise en perspective rend les relations beaucoup plus fluides.

Avec le temps, j'ai donc cessé de chercher LA règle absolue, parfaite, inattaquable, la seule à même de garantir la stabilité et la sagesse de la communauté. L'objectif était bien trop élevé et j'ai accepté de me reconnecter à la situation réelle. Accepter sans vouloir laisser mon empreinte sur les choses. Consentir, sans certitude mais le cœur en paix.

Accueillir mes erreurs et mon imperfection, m'a fait beaucoup de bien… Et a soulagé tout le monde ! Voici un argument massue pour les dinosaures du zen réfutant toute idée de travail psychologique : il n'est pas égoïste de chercher à sortir des boucles émotionnelles et, si la méditation *zazen* ne suffit pas pour ce faire, programmer quelques séances de thérapie comportementale d'hypnose ou de Gestalt sera un cadeau pour toute la communauté !

Hiérarchie et rapports de pouvoir

Sur le chemin de la liberté, les rapports hiérarchiques sont comme autant de pavés pour nous faire trébucher… Jusqu'à ce qu'on apprenne à les éviter ! Le Paris-Roubaix du pratiquant zen offre, entre autres, le principe suivant : il y a toujours un plus ancien que soi. Dans le bouddhisme en général, et ce fut édicté du temps du Bouddha, les plus jeunes doivent respect aux plus anciens. Cette règle immuable a pour but d'organiser les relations dans la *sangha*, la communauté de pratiquants, et d'inviter les uns et les autres à prendre soin du lien.

Voilà la théorie. En pratique, j'ai passé de longues années à scruter dans le comportement de mes aînés le plus petit dysfonctionnement, pour remettre en cause leur autorité. Comme je l'ai développé dans le paragraphe précédent : je voulais bien prêter allégeance, mais seulement à des individus parfaits. « On n'est pas rendus ! », comme le disait souvent ma Mémé. Et la hiérarchie me pesait.

Et par-dessus tout : la Grande Table. Dans le zen, du moins en Europe, on trouve ce symbole hiérarchique trônant au milieu du réfectoire. Qui sera invité à prendre ses repas à cette table, la table du maître ? Cette table est réservée aux très anciens, à ceux qui sont membres de l'association depuis sa création, ainsi qu'à d'autres moines et nonnes ayant fondé un lieu de pratique et/ou ayant eux-mêmes des disciples. Longtemps, je les ai passés au crible : est-ce que celui-ci mérite cette place alors qu'il part en vacances à Barcelone au lieu de venir en retraite (je l'ai vu sur Facebook) ? Et celle-ci qui travaille du matin au soir dans son université et a clairement fait passer son avancement professionnel avant la pratique du zen ? Et ce moine qui vient à chaque retraite – bravo ! – puis rentre chez lui dans sa vie bien confortable de retraité sans diffuser le moins du monde la pratique au grand public ? Personne ou presque ne trouvait grâce à mes yeux, et le Bouddha se serait-il présenté à ce moment-là que j'aurais pris un malin plaisir à lui tailler un costard.

Cette tendance était liée – une fois de plus – à un gouffre intérieur, me faisant rechercher à l'extérieur une reconnaissance capable de combler mes manques. Et quand celle-ci ne venait pas ou – pire – était dirigée vers quelqu'un d'autre, la machine à penser s'emballait. Je devenais Thémis, la déesse de la justice, l'impartialité en moins.

Le chemin de l'apaisement est venu, là aussi, d'une forme de réconciliation, laquelle s'incarne dans le premier vœu du Bodhisattva, celui que nous récitons chaque soir, dans le dojo, après la méditation. Un Bodhisattva, figure symbolique, est un être acceptant de laisser passer tous les êtres avant lui sur la voie de la libération. « Si nombreux que soient les êtres, je fais vœu de les sauver tous. » C'est l'idéal auquel nous aspirons dans le bouddhisme zen, et qui donne à cette voie sa dimension altruiste. « Pour le bien de tous les êtres » : une autre expression revenant régulièrement dans les textes chantés au cours de la journée et apte à provoquer un changement de paradigme. Au lieu de chercher la première place, de jouer des coudes pour avancer ou de travailler d'arrache-pied à son évolution personnelle, le pratiquant zen se place dans la perspective de l'offrande. Il offre ses heures, ses compréhensions, ses chants à la communauté, au sens large.

Du point de vue du thème qui nous intéresse – la hiérarchie –, cet idéal du Bodhisattva invite simplement à se réjouir de la place donnée à l'autre.

Et tout prend forme : en apaisant son cœur, ses insatisfactions, son besoin de reconnaissance, un espace s'ouvre. L'énergie d'appropriation fait volte-face. Ce retour permet d'aller regarder vers l'intérieur, de « s'établir en soi-même » comme l'exprimait Swami Prajnanpad, un sage Indien de la tradition védique. Nous libérons les autres de nos manques telluriques et pouvons à nouveau les voir vraiment tels qu'ils sont et tels que nous les espérions. Un travail de deuil de l'idéal et l'une des plus grandes libérations dont j'ai pu faire l'expérience ces dernières années.

Mais l'évolution n'est pas terminée… et la vie se caractérise par des surprises permanentes, lisez plutôt.

Étapes de libération émotionnelle

Tempête sous un crâne – octobre 2019

Ce livre s'écrit parfois au milieu des tempêtes !

À l'extérieur, des manifestations pour le climat, lequel n'a que faire de ces gesticulations et poursuit sa marche inexorable vers des cataclysmes annoncés. À l'intérieur, une tempête sous un crâne, qui se déchaîne à la vision des obstacles dans l'avancée des projets, des malentendus interpersonnels, des évolutions bloquées, des mails sans réponse ou des raisons pour lesquelles – décidément ! – rien ne va plus.

Je suis dans un grand jour. Celui des visions négatives et des proverbes d'autrefois. « Rien ne sert de courir, il faut partir à point » : j'aurais dû anticiper davantage pour préparer cette conférence et je suis complètement charrette. « Tout passe, tout lasse, tout casse » : c'est sûr cette journée va mal finir et je vais me retrouver toute chiffonnée en support chaussettes. « Pas de rose sans épines » :

autant se préparer à la souffrance et à la perte, elles sont en embuscade.

Je ne sais pas si vous avez remarqué, mais la plupart des proverbes ayant traversé les siècles sont assez négatifs, voire très moralistes. Comme si l'esprit communément répandu, la prétendue sagesse populaire, consistait à prévoir et à souligner le pire. En règle générale, j'essaie d'éviter ces dictons. Mais, quand la machine s'emballe, ce sont les premiers à arriver dans mon disque dur, comme un héritage subliminal légué par des armées de fantassins jansénistes.

Aujourd'hui, le « côté obscur » est au meilleur de sa forme ! Le « côté obscur », le Dark Vador cérébral, c'est cette tendance à tout voir en noir et blanc, ou en gris. Tout. Pas quelques aspects de la journée. Tout. Quand Dark Vador est aux commandes, *tout* est foutu.

Il est expert, pour lister soigneusement les raisons de se lamenter. Toutes. Pour bien enfoncer le clou. Car – même si chacun écarte soigneusement cette pensée – tout a plutôt mal commencé. Je ne parle pas de cette journée, laquelle s'est élancée dans le vide avec une colère inconnue au creux du plexus, mais... de la vie elle-même ! Un début dans les larmes, les cris et la douleur. Une extraction d'un lieu chaud et confortable, le ventre maternel, pour être catapulté dans un autre endroit avec trop de lumière, trop de bruit, trop froid, trop de monde... Bienvenue dans le monde réel, petit d'Homme !

Je pense d'ailleurs que mon traumatisme originel vient de là. On ne m'a pas demandé mon avis pour venir au monde, ni pour atterrir dans cette salle d'accouchement un samedi après-midi. Peut-être aurais-je préféré passer mon tour pour cette vie-ci, ou rester un peu plus longtemps au chaud dans la matrice pour prendre des forces avant le grand saut.

On ne m'a rien demandé et les années suivantes – l'enfance – seront à l'avenant. Les êtres humains miniatures doivent suivre le mouvement, avancer, obéir, acquiescer, en restant bien polis. Inconsciemment, cet état de fait m'a toujours agacée et quelques années plus tard, quand l'Ego – avec un grand E – dirige le mouvement, c'est spontanément un mélange de colère et de révolte qui pointe le bout de son nez.

Colère et ressentiment sont mes émotions favorites. Cela fait quarante-cinq ans que ça dure, voire peut-être bien avant. J'imagine le petit fœtus en train de râler dans le ventre de sa mère en recevant le mélange alimentaire : « Ah non, pas du veau ! Je suis vegan ! Ce n'est pas possible ça de manger un bébé animal ! On est où là ? Chez les sauvages ?! » Ou encore, quelques mois plus tôt, l'ovule accueillant le courageux spermatozoïde. Vous savez, celui qui a vaincu tous les autres, les a éclatés à la course, et arrive, épuisé mais content de lui, devant la porte ovulesque. « Ah non ! Pas lui ! On va pas s'entendre, c'est sûr : vous avez vu le fier-à-bras, je pourrais pas plutôt avoir un poète ? » Rien à faire, c'est écrit, ce sera lui… Et la colère de monter d'un cran !

Durant des années, j'ai donc eu une hypersensibilité à l'autorité. Et, il semble que je dispose d'un détecteur ultra-performant. Je ne sais pas s'il a été fourni à la naissance, l'éternel débat sur l'inné et l'acquis, si dans mon

ADN une cellule est spécialement chargée de me faire tressaillir quand surgit les mots « tu dois ». Mais le fait est là : au moindre signe de pouvoir, d'injonction, d'emprise potentielle, d'intervention dans ma prise de décision, mon corps se raidit et la colère gronde. « Grrrr », comme un chien prévenant avant l'attaque.

Donc, les quelques phrases qui précèdent pour poser le décor. Quand je me lève le matin, surtout en période lunaire[1], ce n'est pas tous les jours la joie : les émotions déferlent en ordre dispersé, se suivant sans se ressembler, mettant au défi mes vingt années de pratique du lâcher-prise. Je n'y parviens pas toujours, mais quand c'est le cas, ça ressemble à ce qui suit.

Dark Vador versus *Chewbacca*

Quand Dark Vador est aux commandes, il est très, très puissant. Difficile alors de faire un pas en arrière pour observer les pensées, les émotions et s'en détacher. L'esprit ressemble à une lessiveuse. Il tourne, en rond, en boucle, enfermé sur lui-même, en mode essorage 1 200 tours/minute. On aimerait bien descendre du manège mais… on ne sait même pas que l'on y est installé ! Ou plutôt si, on sait très bien qu'il y a quelque chose qui ne tourne pas rond (ou qui tourne trop vite), mais l'idée de sortir de la

1. Période lunaire : formule poétique pour parler du syndrome menstruel.

boucle n'est pas disponible. Le logiciel n'a pas prévu cette option : programme inconnu.

Quand la colère ou l'émotion nous submerge, la Pleine Présence a complètement disparu et – pire – l'esprit ordinaire, l'esprit d'habitude, ignore qu'elle a pu exister un jour. On l'a oubliée !

Cela m'arrive régulièrement au cours de la journée, quelle que soit l'humeur du moment. Et c'est normal. Le processus ressemble un peu à ça : identification au soi (« P…, il m'énerve ce type ! »), extraction (il y a *une* colère qui tend *le* corps), identification, extraction, etc. En boucle. Les brèches de Présence ou de détachement sont multiples, mais la tendance de l'ego à se recoller à lui-même est impressionnante ! Il y va de la survie de cette douce illusion « je suis Untel », alors le voici aux aguets, à vérifier son existence, à la protéger et à tenter par tous les moyens de maintenir sa supposée identité.

À la lecture des lignes précédentes, nous pourrions nous situer dans un schéma classique : le bien contre le mal, Dark Vador contre Obi-Wan Kenobi, la joie opposée à la tristesse… Mais la voie du Bouddha est bien plus subtile ! Face à Dark Vador, il s'agirait plutôt d'incarner la naïveté de Chewbacca, la grosse peluche qui accompagne Han Solo dans ses aventures. Une manière d'être, toute simple, à mille lieues des circonvolutions analytiques présidant souvent à notre travail émotionnel. Où Dark Vador est puissant, malin, d'une redoutable intelligence, Chewbacca apparaît dans toute sa fraîcheur et sa sincérité. Car, avec les émotions, le plus court chemin est la ligne droite, le simple, comme nous allons le voir ci-dessous.

Étape 1 : ressentir

Le point essentiel des émotions, quelles qu'elles soient, est leur immense pouvoir d'hypnose. Mais il est possible de désactiver le programme et de retrouver sa liberté d'action au quotidien. En général, c'est l'émotion qui guide nos choix de vie. Par exemple :

Si j'ai vécu étant enfant un moment merveilleux dans une maison à la campagne, avec des chiens, je vais chercher à reproduire cette situation – cette émotion – et ne serai pas satisfait tant que je n'aurai pas ce type de maison… Et l'enfermement intérieur qui va avec ! Car pour acheter cette maison, il va me falloir un travail bien rémunéré, mobilisant de nombreuses heures par semaine, avec finalement peu de temps pour en profiter. Pour m'installer à la campagne, il me faudra un compagnon en accord avec mes envies. Pour avoir des chiens, je devrai renoncer à des vacances à l'autre bout du monde, à des week-ends en amoureux (chiens non admis), etc. Plus l'image de mon futur idéal, issu d'une émotion d'enfance, sera précise, moins je serai libre.

Si j'ai besoin d'être entouré de nombreuses personnes pour me sentir bien, à la hauteur, si ce genre de situation me rassure et me donne le sentiment de valoir quelque chose, je vais développer une intolérance à la solitude. Je vais multiplier les sorties, les aventures, les clubs et activités sociales pour éviter à tout prix de rester seul chez moi. Passer de projet en projet, d'idée en idée, pour fuir ce moment redouté du café sans vis-à-vis sur la table de la cuisine. Etc.

Si une vie réussie est nécessairement en couple, avec un mari/une femme aimant(e) et attentionné(e)... ce n'est pas gagné ! (je vous laisse élaborer seul sur ce thème infini : les histoires d'amour compliquées sont aussi nombreuses que les étoiles dans le ciel, voire plus. D'ailleurs l'expression « histoire d'amour compliquée » a tout l'air d'un pléonasme. Qu'en pensent Bernard Pivot ou Claude Hagège ?).

À la source de toutes ces envies, de toutes ces directions données à une vie, il y a des émotions que nous appelons de nos vœux (bien-être, joie, sécurité, sensation de puissance...) et d'autres que nous voulons absolument éviter (malaise, angoisse, tristesse, peur du vide...).

Le Bouddha le soulignait déjà dans la Deuxième Noble Vérité, il y a deux mille six cents ans. Dans le Sermon de Bénarès, son premier enseignement, il s'attache à expliquer les causes de la souffrance et les différents moyens de s'en libérer. Avec en ligne de mire : la liberté intérieure !

Pour Shakyamuni, le sage de la tribu des Sakyas, notre souffrance vient d'un attachement excessif – voire inconscient – aux choses que nous aimons et d'un rejet des choses qui nous déplaisent. Exposé ainsi, c'est assez simple. On a connu des philosophies beaucoup plus complexes. Mais, en l'espèce, nous allons nous situer dans le cadre phénoménologique, dans le champ de l'expérience et du ressenti, cet endroit paradoxal où les choses les plus simples sont justement celles que nous souhaitons éviter !

Car, et c'est là tout le jeu entre Dark Vador et Chewbacca, notre attachement ou notre rejet s'incarne souvent dans un excès de rationalité. Nous allons penser aux choses, les passer au crible de notre raisonnement au lieu de plonger dans l'expérience. Le chemin du zen est pour cela très précieux. Les figures spirituelles zen, les exemples à suivre, sont souvent des maîtres simples, sans artifices, comme ce patriarche renommé, que l'empereur de Chine voulait absolument rencontrer. Il envoie un émissaire pour le chercher, lequel croise seulement un bonhomme vêtu de loques, dans un champ de patates, en train de bayer aux corneilles. La rencontre avec le maître aurait nécessité de la part de l'émissaire une bonne dose d'ouverture, cette capacité de voir le monde en dehors des sentiers battus. Il revient bredouille.

C'est le chemin qui nous est proposé. Nous tenir au cœur du brasier, sans réfléchir, sans nous échapper. Ou, pour le formuler en termes modernes : être avec l'émotion, la ressentir dans son corps.

Être libre, c'est en effet être avec ce qui est là, c'est vivre la vie qui se présente telle qu'elle est… Et non telle qu'on l'espérait.

À ceux qui liraient dans ces lignes une forme de renoncement, pourquoi pas. Mais nous sommes loin d'une capitulation. Plutôt du choix conscient de se tourner vers les choses simples et vers l'expérience directe. Puis, peu à peu, quand cette manière d'être devient automatique, quand le retour au corps est une évidence de chaque jour, les portes de la liberté commencent à s'ouvrir.

Étape 2 : reculer

L'étape deux de la libération émotionnelle est capitale. Je l'ai déjà évoquée, avec d'autres termes, dans le chapitre précédent (voir le paragraphe « Observer fait tarir la source »). Il s'agit vraiment de libérer l'émotion de notre analyse et ce point-là, dans une société pétrie de psychologie freudienne, est loin d'être évident. Je me souviens de longues heures avec des amies à analyser soigneusement toutes les raisons souvent imaginaires du comportement d'autres amies, de collègues ou – sujet inépuisable – de notre amoureux du moment. Nous tissions des hypothèses, faisions des liens, et tentions au final de mettre un peu d'ordre et de prévisible dans le chaos des émotions. Je nous revois encore dans ce petit café de Besançon, *Le Marulaz*, assises à une table ronde, joyeuses et pleines d'énergie : le monde aurait pu s'écrouler, nous aurions continué à évaluer, avec moult détails, la chance de durer de la relation d'Ève avec Nicolas. Nos analyses prenaient leur source dans tous ces livres de psychologie dévorés au fil des semaines (Françoise Dolto, Boris Cyrulnik, Bruno Bettelheim, Catherine Bensaïd...). Nous retissions mutuellement nos vies par l'analyse poussée des tenants et des aboutissants, pour nous rassurer. À la fin, Ève et Nicolas se sont séparés, mais nos papotages avaient rendu le passage plus doux.

Les choses peuvent être encore plus simples.

La voie du zen propose la chose suivante : sentir l'émotion née de la situation et reculer. En termes plus conventionnels on appelle cela « laisser passer ». Alors, comment faire pour reculer ? Longtemps, j'ai cherché à résoudre les choses avec la tête. La méditation ne faisait pas obstacle à la règle et je cherchais dans mon cerveau une solution à un ressenti corporel. Le zen et les traditions orientales ont une approche assez différente. Outre la médecine ayurvédique, qui commence par soigner les troubles mentaux en agissant sur le système digestif, les fondements de la spiritualité bouddhiste expriment également le fait selon lequel corps et esprit sont en unité. *Shin*, l'« esprit », *jin*, le « corps ». Il s'agit donc de reculer dans le corps *et* dans la tête pour laisser apparaître une autre forme d'être au monde. On pourrait l'appeler Présence, si ce mot n'avait pas pour conséquence de figer l'expérience, voire de réifier l'insaisissable. De mon expérience – qui reste très minimale au regard de la pratique des patriarches du zen –, je constate que ce recul laisse apparaître une perméabilité claire entre l'intérieur et l'extérieur. Quand il y a recul, le soi disparaît. Et pourtant quelque chose paraît demeurer. C'est fugace, délicat, imperceptible et invisible, et cela m'évoque ces mots de maître Deshimaru : « *Shinku*, en japonais, signifie : l'illumination vraie ne brille pas. »

Note importante : ce « recul » n'a rien à voir avec une forme de dissociation où nous pourrions voir notre corps de l'extérieur, sans rien ressentir. Cela est un piège sur la voie du zen et ceux qui y sont entrés se caractérisent par un aspect extérieur froid, détaché, ayant laissé de côté toute vie émotionnelle. J'ai rencontré un responsable de centre zen atteint de cette « pathologie de la pratique », qui arborait en permanence un visage neutre et figé. Il avait, semble-t-il, confondu équanimité avec neutralité totale et la sève vitale avait déserté tous les étages de son arbre existentiel. Un spectacle assez triste à regarder et malheureusement répandu dans notre petit monde bouddhiste. Cette tendance est tentante lorsqu'on se sent dépassé par ses émotions : se couper d'icelles en faisant une forme de sortie hors du corps et en laissant les émotions à distance. Il ne s'agit pas de cela avec le « recul » ou le « lâcher-prise »

Étape optionnelle : détourner son attention

Trouver le « recul » n'est pas toujours évident. J'ai mis plusieurs années de pratique intensive, prise dans l'identification aux émotions, avant de pouvoir y accéder. Des heures, de longues heures, à me débattre en circuit fermé, sans trouver la sortie. Et puis un jour, l'espace s'est ouvert. Mais avant cela – ouf ! – nous avons à notre disposition une autre pratique sotériologique : détourner notre attention. On l'appelle aussi « se concentrer sur le corps et la respiration ».

Comment faire ? Assis immobile, à l'endroit où vous vous trouvez, vous pouvez entraîner votre esprit à se poser sur la respiration, ou sur certaines parties du corps. L'esprit, très mobile et très agité, va avoir envie de bouger, de penser à d'autres choses, de comprendre, de réfléchir, de rêver… C'est normal. La nature de l'esprit est ainsi, souvent comparée dans le bouddhisme à un petit singe aussi malin que rapide. Détourner l'attention de l'émotion en ressentant ou en regardant la respiration est aussi un apprentissage. Au début, on y parvient l'espace de cinq secondes, puis notre capacité de concentration augmente.

Un aspect souvent délaissé dans le zen, qui s'oppose à l'idée de « la voie directe », est celui de l'entraînement de l'esprit. Il s'agit d'entraîner le mental à se poser sur un objet précis pour canaliser l'attention. Développer ce type de ressource est absolument nécessaire pour tout pratiquant spirituel, et aura des effets dans tous les domaines de la vie quotidienne.

La liberté d'esprit devient alors une conquête, pas à pas, au fil du temps et des entraînements méditatifs.

Pour ceux qui voudraient approfondir cette question, un texte fondamental du Bouddha est le *Satipatthana sutra*, le sutra sur la fixation de l'attention, lequel explique en détail, avec force répétitions, comment se concentrer au quotidien.

Chapitre 5

Je ne suis pas un robot, manuel de résistance numérique

Il est 5 heures et je suis à ma table de travail. Le réveil a sonné à 4 h 30 ce matin, j'ai donné à manger à mes chats, me suis préparé un petit café et suis montée dans le grenier, qui abrite cette année mes errances scribouillardes. Mes autres bouquins avaient pour cadre des lieux très divers : champs, cafés en ville, salon de thé villageois, monastères, hôtels à l'autre bout de la Terre, cabane dans les bois. Je vadrouillais, explorant le monde et ressentant les différentes énergies des endroits que je traversais. Et puis (voir le chapitre 8), l'urgence climatique a fait irruption dans mon champ de conscience et m'a invitée à faire des choix de vie encore plus précis. C'est ainsi qu'est née la ferme Kibo* : un lieu de retraites spirituelles, refuge pour animaux, espace de permaculture, enveloppé des valeurs bouddhistes.

Depuis lors, mon espace vital s'est rétréci, dans le concret, tandis que mon espace intérieur grandissait. J'écris donc ce livre à la ferme Kibo ou au monastère, passant d'un lieu à l'autre au gré de mes activités. L'invention de l'ordinateur portable me facilite grandement la tâche, tout comme le smartphone, qui permet de prendre des rendez-vous, de faire avancer des dossiers, d'organiser le travail (*samou*) des bénévoles, etc. Mais ces outils virtuels, ces mondes immatériels constituent également le plus grand défi auquel est confronté l'Homme moderne. Pour beaucoup, ils sont d'ores et déjà devenus une prison, dorée et distrayante, capable de lobotomiser en douceur, avec le sourire, le plus éduqué de nos contemporains (et surtout lui d'ailleurs, qui a rarement la chance de glisser ses mains dans la terre).

Une hypnose numérique généralisée

Dans les années 1990, le grand dirigeant d'une chaîne de télévision avait fait scandale en décrivant son métier de la manière poétique suivante : « Mon travail consiste à vendre du temps de cerveau disponible aux publicitaires. » À défaut d'éthique, il avait eu le mérite de la clarté : quand les individus sont placés devant un écran, leur volonté disparaît. Nous en avons tous fait l'expérience, la télévision ou les smartphones nous happent littéralement et nous font entrer dans un autre monde, virtuel. Nous pourrions nous réjouir de la multiplicité des univers qui s'offrent à nous dans ce supermarché numérique. Mais leur exploration est téléguidée par d'autres volontés que la nôtre et cela nous éloigne de notre humanité. Hypnotisés par les écrans, nous quittons peu à peu notre identité de *sapiens* pour nous rapprocher de celle de robot, d'automate ou d'humanoïde.

Vous l'imaginez, pour une personne *référence interne*, cette idée est inacceptable ! Me faire capturer mon mental par des objets, ou – pire – par des êtres cupides maîtrisant les algorithmes pour me faire consommer ou voter me hérisse et met mes neurones en ordre de bataille. Bouddhiste oui, crédule non ! Tel pourrait être le slogan qui préside aux lignes qui vont suivre, dont le but est très simple : vous redonner le pouvoir.

Au pays des algorithmes

Mais avant d'aller plus loin, faisons un petit état des lieux de la situation actuelle. Tout le monde dispose d'un smartphone et est donc susceptible :

– d'être espionné en temps réel dans son quotidien, soit au moyen de la caméra intégrée, soit des sms, mails, comptes Facebook/Instagram. La National Security Agency (NSA) nous en a gentiment informés en 2013, un peu poussée à ces révélations, certes, par le lanceur d'alerte Edward Snowden. Depuis, quelques personnes ont installé un sparadrap sur leur caméra d'ordinateur ou de téléphone, par principe, tandis que la plupart ignoraient complètement l'information ou se défendaient en disant : « Ça m'est égal, je n'ai rien à cacher » (un bon sujet de philosophie en écho pourrait être : « Espionner les gens qui n'ont rien à cacher constitue-t-il une intrusion dans leur vie privée ? »). Une méthode de défense valable en temps ordinaire – encore que – mais que beaucoup regretteront sans doute en cas de dictature ;

– d'être guidé dans ses choix de manière beaucoup plus subtile au moyen des algorithmes. Ces derniers sont des méthodes de calcul statistiques géantes qui permettent de prédire nos comportements. Ils sont omniprésents dans nos vies. Ce sont eux qui nous envoient ces publicités ultra-ciselées sur les réseaux sociaux, qui sélectionnent les résultats des moteurs de recherche, qui font irruption dans nos vies avec des infos que nous n'avions pas demandées pour prendre le contrôle et orienter notre volonté.

Le Bouddha n'avait pas prévu la chose, Jésus, Yahvé et Mahomet non plus, et nous voici contraints, par la force des choses, à chercher dans les enseignements de quoi faire face à la situation. Car les algorithmes ont envahi nos vies et influencent déjà, en profondeur, nos comportements. En France, le philosophe Éric Sadin explore ce thème avec vigueur et engagement, ou pour le dire autrement avec un énervement puissant rendant son discours assez percutant. On le comprend (voir aussi les travaux de l'association La Quadrature du Net, dont la veille juridique est précieuse).

Les algorithmes nous sont souvent présentés comme une évolution miraculeuse, d'un point de vue médical, avec les immenses promesses de la médecine prédictive. J'ai dans mon entourage un moine zen, âgé de soixante-quatorze ans, ancien médecin radiologue et spécialiste du cancer du sein. Véritable visionnaire, il avait créé, dans les années 1990, un programme informatique pour faciliter le diagnostic des cancers, avec des résultats remarquables. L'homme étant par ailleurs imprégné de spiritualité, il a longuement mêlé une approche scientifique avec une bonne dose de métaphysique et de profonde humanité. Il prenait son temps avec chaque patiente, pour expliquer, rassurer, évoquer l'avenir. Tout en se fondant sur des algorithmes, il ne manquait pas d'en souligner le côté statistique, et de redonner espoir. Ce mélange idéal – calcul + écoute empathique – a été remplacé par une foi aveugle dans les chiffres et par des sentences implacables : « Il vous reste six mois à vivre » ou « Vous serez mort avant Noël » (*sic*) assenées à des patients hagards par des médecins stressés, avec l'assurance d'une Madame Irma devant sa boule de cristal. L'honnêteté obligerait à dire que ces prédictions s'appuient sur des probabilités (comme les chances de gagner au Loto) mais les médecins en font souvent l'économie, avec les conséquences que l'on connaît sur l'état psychologique des patients. Pour terminer sur ce thème, mon ami radiologue n'a pas trouvé de successeur qui soit d'accord pour prendre son temps avec les patients, gagner moins d'argent et servir sa communauté humaine. Dommage.

Internet et moi

Depuis de longues années, je suis la responsable de la communication de plusieurs associations zen. Je me suis formée sur le tas, en rencontrant des attachés de presse, journalistes, administrateurs réseaux, webmasters. L'idée sous-jacente était celle d'accompagner la révolution numérique pour permettre au bouddhisme zen de rester en phase avec la société contemporaine. Mes condisciples n'en ont pas vu immédiatement l'utilité et beaucoup mettaient en avant l'idée suivante : « Pas besoin de communiquer : ceux qui veulent nous trouver nous trouveront. » Comme vous pouvez l'imaginer, j'avais le point de vue opposé et ai continué mon petit bonhomme de chemin, de plus en plus déterminée à mesure que le temps passait.

Au monastère Ryumonji, nous disposons d'un site internet (www.meditation-zen.org), de pages et groupes Facebook, de comptes Twitter et Instagram et d'une chaîne Youtube : tous les outils du petit communicant moderne pour faire connaître son produit ! Pour apprendre à les gérer, de longues heures devant l'écran ont été nécessaires, motivées par l'envie irrépressible de proposer au monde une autre vision de l'existence. Un objectif politique (concernant la « vie de la Cité »), rien de moins, dont la simple évocation me rendrait capable de soulever des montagnes. Je suis en effet convaincue que la capacité de changement de l'individu est immense et que sa vie et ses actions quotidiennes peuvent s'abreuver à la source de la méditation.

Mais c'est chronophage, comme peuvent en témoigner les rédacteurs web du monde entier. De longues, très longues heures devant un écran à écrire, chercher des visuels, commenter, liker et animer un réseau. Sans compter les mises à jour régulières des sites internet, le travail sur le référencement, la création de flyers ou la recherche de bénévoles pour soutenir l'ensemble. À une période, j'ai géré en même temps quatre pages Facebook, trois sites internet (sous WordPress ou Drupal), deux comptes Twitter et trois chaînes Youtube… Le tout en multilingue puisque nos associations sont internationales. En écrivant ces mots, je me rends compte du travail herculéen que cela constituait et l'immense motivation nécessaire pour l'accomplir. En m'installant devant l'ordinateur – comme maintenant –, je me connecte à toutes les personnes qui cherchent un sens à leur vie, sont fatiguées de la société de consommation et envisageraient même, dans un sourire, de parler avec les arbres ! Ce sont elles, dont je sens la présence énergétique, qui me donnent des ailes.

Pour l'instant, la montagne à gravir, le dragon à terrasser est celui du numérique.

Plusieurs heures par jour, encore aujourd'hui, je suis scotchée devant un écran. J'y écris des livres, réponds à un tombereau de mails ou recherche des matériaux isolants écologiques pour le nouveau parquet de la ferme Kibo. Chaque fois, sans exception, ma conscience est happée ailleurs. Je perds la notion du temps, de mon corps, de l'endroit où je me trouve. « Je » m'absente de ce monde-ci pour évoluer dans la matrice, sans en connaître la cartographie, avec cette idée plutôt étrange : la fameuse matrice se crée à mesure que je m'y promène. C'est à la fois fascinant et effrayant. Je ne suis encore jamais parvenue à être en Pleine Présence dans le virtuel. Dans ces moments-là, une extinction totale se produit, une perte de contrôle absolue, une disparition dans un « ailleurs ».

Dans cet état, que l'on pourrait qualifier d'hypnotique, ma volonté a l'air d'avoir abdiqué. Une boîte automatique passe les vitesses, la vie continue en dehors de ma conscience, faisant appel aux ressorts les plus inconscients de mon esprit. Bizarre, bizarre, comme c'est bizarre ! Déjà que j'ignore totalement à quoi je vais penser dans deux minutes, voici maintenant que la vie s'écoule sans moi, en mode automatique.

Toutes ces réflexions, pour inabouties qu'elles soient, souhaitent souligner la part d'imprévisible du monde virtuel, tout comme sa capacité à diriger notre attention, dans telle ou telle direction, à sa guise. Il suffit de happer l'esprit et le tour est joué ! Et nous voici comme un enfant dans un magasin de jouets.

Carnets de voyage

Ces dernières années, j'ai beaucoup voyagé pour présenter mes premiers livres, édités dans plusieurs langues. Brésil, Mexique, Colombie, Espagne, Allemagne ou encore la Chine, ayant érigé le smartphone au faîte de la modernité. Partout, les individus font un usage intensif de leur téléphone, avec WhatsApp ou WeChat, en tête de ligne. Partout, le portable est greffé à la main, et si parfois il est mis sur silencieux lors de mes sessions de méditation, ce n'est pas toujours le cas. En Chine, impossible d'interdire le portable, ni les conversations entre amis. Je me suis donc retrouvée à guider des méditations devant une marée de téléphones filmant la scène, tandis que de petits groupes dans la salle commentaient la séquence. Heureusement, ce genre de situation, complètement inattendue, me stimule. Je suis fascinée par les différences culturelles et me suis empressée de questionner à voix basse la traductrice : « Ils s'ennuient, c'est ça ? » « Non pas du tout. Au contraire on voit que ça les intéresse. » Quel monde incroyable ! Dans une prochaine vie, j'étudierai l'ethnologie et explorerai les différences/ressemblances entre les peuples.

Mais nul besoin d'études poussées pour constater ceci : dans chaque pays, les portables font des ravages. Dans les cafés, restaurants, en famille, les personnes réunies naviguent en fait entre deux lieux – le présent et le monde virtuel –, entre deux groupes d'amis, réels ou imaginaires. Autant il est rare que les amis virtuels protestent contre le manque d'attention de leurs commensaux, autant, dans le réel, c'est un autre problème ! La capacité de présence à l'autre a largement diminué et les personnes rassemblées autour d'une table sont happées par leur appareil à la vitesse de l'éclair. La rapidité de disparition d'un convive est phénoménale ! Son corps reste sur place, mais la conversation est suspendue tandis que l'esprit de notre interlocuteur s'est perdu dans les limbes numériques. Quand il revient, l'air un peu hagard, quelques secondes lui seront nécessaires pour reprendre le fil du discours. Ses yeux sont vides, un certain malaise se dégage. Celui-ci serait-il dû à une petite dose de culpabilité, celle d'avoir été pris sur le fait, la main dans le sac de la distraction ? Cette idée serait un signe positif et indiquerait la conscience sociale d'une addiction au virtuel. Mais, en général, ce voyage d'un monde à l'autre est considéré comme normal. Il est désormais admis que les personnes passent à table avec leur téléphone, l'empoignent toutes les trente secondes, avec toutes les conséquences que cela entraîne pour la capacité de concentration.

Dans toutes mes conférences, j'expose cet obstacle gigantesque, cette montagne virtuelle, posée sur la route du moment présent. Mais rien de mieux qu'un exemple pour illustrer l'ensemble. Il aura pour décor un mur Facebook ou un fil d'actu Twitter.

Le cadre : fin d'une grosse journée ou d'une session de travail intensif.

L'idée : j'ai bien travaillé, maintenant j'ai envie de faire une pause, pour lâcher un peu la pression. Tiens, je vais regarder Facebook deux minutes pour me détendre.

Les faits : je clique sur l'icône bleue et commence à balayer mon téléphone de haut en bas. Aucune idée de ce qui va apparaître. J'ai bien sélectionné quelques amis comme favoris mais les algorithmes Facebook m'envoient également tout un tas d'autres publications, d'amis beaucoup plus lointains, de groupes, de pages qui font irruption dans mon univers. Je passe ainsi de chatons mignons adoptés par des poules (eh oui !) aux combattantes kurdes tombées sous les bombes syriennes, avant de découvrir les feux de forêt aux quatre coins du monde, les dernières statistiques du Covid, les émeutes de la soif en Inde ou le déplacement de la capitale du Bangladesh pour cause de montée des eaux. Tout cela entrecoupé de selfies de mes amis en vacances – masqués ou non –, avec leur nouveau chien, leur nouveau bébé, leur nouvelle moto, leur nouvelle compagne, leur nouvelle maison, *ad lib.*

Le résultat : je passe en un éclair d'une émotion à l'autre à mesure que les infos défilent. Tendresse, horreur, peur, sourire, etc. Une accumulation de ressentis physiques qui restent pour la plupart inconscients, mais qui sont bien réels – ressentis dans le corps – et finissent par créer un trop-plein. Après quinze minutes, je me sens encore plus mal à l'aise, n'ai aucunement décompressé et vais chercher un autre moyen de me détendre : boire un verre voire deux, manger du chocolat, aller à la salle de sport, acheter des trucs pour me faire plaisir, plonger dans une série Netflix, etc.

Ce sont des mécanismes bien huilés, que nous connaissons tous. Ce qui reste étonnant est notre détermination à les utiliser alors même que leur efficacité est discutable. Sans doute parce que le moment d'absence est un moment sans souffrance consciente. Le message sous-jacent est terrible : si la vie est difficile, distrayez-vous. Et les politiques, hommes d'affaires ou autres vendeurs de rêve vont nous faire boire jusqu'à la lie la coupe de la manipulation mentale (qu'ils ont transformée en « Spritz® » pour nous rendre l'asservissement plus léger).

Heureusement, le Bouddha les attend au tournant ! Enseignant révolutionnaire et fort tranquille, il contemple notre petit monde avec un sourire en coin. D'après mes lectures, le Bouddha avait anticipé ces épreuves et concocté de nombreuses méthodes de résistance active : les voici.

Méthodes bouddhistes de résistance numérique

Rassurez-vous, il ne s'agit pas de revenir à l'âge de pierre et de communiquer au moyen de pigeons voyageurs ou de pots de yaourts reliés par un fil. Non. Le principe de base du bouddhisme est de vivre avec les choses telles qu'elles sont. La situation a été décrite dans les lignes précédentes : les smartphones sont partout, nous travaillons à quatre-vingt-dix pour cent devant des écrans, notre maison est connectée ou en passe de l'être. Soit.

Cela me fait penser, en passant, au best-seller de l'auteur autrichien Marc Elsberg, spécialiste des réseaux électriques en Europe. Dans son livre *Black Out. Demain il sera trop tard* (2012), il élabore le scénario d'une coupure générale de courant se répandant par traînées successives, avec des conséquences encore plus terrifiantes que tout ce que vous pourriez imaginer. Nos systèmes sont ultra-connectés et donc ultra-fragiles. Une très grande partie de notre nourriture dépend de grandes centrales d'achat comme Rungis (Île-de-France), difficilement accessibles en cas de coupure électrique générale. Dans *Black Out*, la violence est prégnante. On constate à quel point nous sommes devenus dépendants d'outils rendus inutiles sans la fée électrique (smartphone éteint au bout de six heures sans recharge). À la suite de ce livre, le gouvernement allemand, constatant la probabilité d'une telle catastrophe, a invité les habitants à faire des réserves d'eau pour cinq jours et de nourriture pour dix jours. Si le thème vous intéresse, je vous invite à regarder les travaux du site www.sosmaires.org, qui étudie les techniques de résilience locale et d'approvisionnement au niveau de chaque ville et village. Un thème qui, contrairement aux ressources, est inépuisable !

Pour sortir de l'hypnose numérique et reprendre nos billes, il y a donc différentes méthodes issues du fond des âges, de la sagesse millénaire. À l'ère de la rapidité, alors qu'une mode chasse l'autre en quelques semaines, une bonne vieille philosophie âgée de quelques siècles est plutôt rassurante. Elle a été testée par des générations de pratiquants bouddhistes, en robe orange ou non, avec le succès que l'on connaît. La voici donc « clés en main », satisfaits ou remboursés (en bouse de vache séchée, la monnaie d'échange de l'époque : pour le SAV, adressez-vous s'il vous plaît à mon éditeur, Flammarion, qui vous indiquera la marche à suivre).

Le « hacking mental »

C'est ma méthode préférée ! Elle porte bien sûr un autre nom dans le Canon pali* mais l'idée est la même. Il s'agit ni plus ni moins que de faire irruption dans le flot des pensées, dans le programme en place pour y glisser un bug : une ligne de code imprévue capable de hacker tout le système. La méthode est offensive et radicale, à la mesure de la force du mental et des énergies d'habitude.

Au cours de mes journées, nombreux sont les moments d'absence. Ils me surprennent toujours. La rapidité du cerveau à lâcher la tâche en cours pour aller vagabonder dans de vertes prairies est inégalable ! Et serais-je – pour de vrai – en train de gambader dans ces vertes prairies, que mes neurones chercheraient quand même, en balayant le paysage de droite à gauche, une autre chose à faire. Par exemple : « Tiens, il faut réparer la clôture », « Il faut absolument que je décrive cette scène sur Facebook », « J'aimerais bien avoir quatre pattes, ça doit être plus stable pour courir », etc.

Avec le « hacking mental », mon objectif, vous l'aurez compris, est de multiplier les moments de Pleine Présence. De ressentir à nouveau mon corps et ma respiration, de savoir exactement ce que je suis en train de faire, et de repérer de plus en plus vite quand l'esprit se dérobe.

Mais, le fonctionnement naturel du cerveau n'est pas là pour m'aider. Comme le décrivent si bien les neuroscientifiques (voir les travaux de Jean-Philippe Lachaux ou de Lionel Naccache), nos petits neurones sont friands de distraction, de nouveauté et d'action à court terme. Ils adorent les notifications des smartphones (activation du circuit de la récompense), les trucs qui bougent et clignotent et les réponses faciles. La plupart des neurones sont des béotiens. Inutile de leur faire miroiter un bénéfice à long terme, ils veulent tout, et tout de suite. Certains d'entre eux sont déjà en train de s'impatienter à la lecture de ce paragraphe en grommelant : « Bon, alors, elle la donne la méthode ou quoi ? »

La méthode

Avec de tels énergumènes, il va falloir ruser et faire miroiter des récompenses pour augmenter la motivation.

En CE2, je me souviens d'avoir eu une institutrice adepte des cadeaux. Elle avait installé un système de bons points, petite image, grande image et petits cadeaux qui a fait monter le niveau général de la classe. À chaque étape, nous étions récompensés, et cela nous motivait pour l'étape d'après. Elle activait le circuit de la récompense et orientait les neurones dans une certaine direction. J'ai bien retenu la leçon – grâce aux bons points – et mis en place un système analogue, à quelques différences près.

Donc, reprenons (en vertu du principe pédagogique selon lequel un apprentissage doit être répété de nombreuses fois pour s'intégrer). L'idée générale est la suivante : multiplier les brèches dans les enchaînements automatiques de la pensée, cette forme d'autohypnose où l'esprit s'alimente de lui-même, en circuit fermé. Cet état d'absence est courant. On pense – du matin au soir – sans s'en rendre compte ou sans avoir une conscience claire du contenu du mental. Les pensées pensent, le penseur est absorbé par le déroulement du film, et la vie s'écoule, désincarnée. Pour un bouddhiste, c'est une vie à l'aveugle, en dehors du moment présent. La brèche, le hacking consiste, quant à lui, à ressentir à nouveau : corps, respiration mais aussi pensées. « Ressentir les pensées » peut paraître étrange, cette expression évoque pourtant d'assez près l'expérience qui se joue à ce moment-là.

Plusieurs facteurs président à l'efficacité de cette pratique. Les voici à adopter comme il vous plaira.

Une récompense, ou source d'inspiration

Pour cesser de vivre comme un robot, j'ai mis en place cette technique de récompense : à chaque retour au réel, je compte une perle de *mala*, le fameux collier bouddhiste. À chaque perle, je suis fière de moi. Et quand le bracelet est au complet, une intense sensation de bonheur m'envahit. C'est simple, un peu bébête… Et très efficace ! Mon *mala*, bracelet votif, n'est pas quelconque. Je l'ai acheté dans une petite boutique au pied de la montagne d'Eihei-Ji, au Japon, le temple fondé par maître Dôgen. Ce temple est installé dans un endroit puissant, mystérieux, où les énergies spirituelles sont si fortes que, en descendant du bus, les larmes m'en sont montées aux yeux. Bouche bée, saisie, impressionnée, j'ai grimpé une centaine de mètres jusqu'au temple pour rendre hommage au patriarche. Là, avec quelques condisciples, nous avons passé la nuit. Puis nous sommes redescendus dans la vallée, non sans acheter un *mala* en bois d'Eihei-Ji. Depuis lors, je le porte au poignet. Sa force symbolique est incomparable et me donne l'inspiration nécessaire pour pratiquer la concentration.

Et vous ? Quel est votre grigri secret ? Ce *mala* crée dans mon esprit un ancrage spirituel. Quand je le regarde, je suis aspirée vers la pratique. Et cette force est en soi une récompense. Avez-vous également un objet, facilement transportable, qui pourrait remplir ce rôle ?

Si vous ne trouvez rien, voici une méthode un peu plus matérialiste mais bougrement efficace : à chaque moment de Pleine Présence, vous mettez un euro dans votre tirelire. L'argent récolté vous servira à vous offrir une chose importante pour vous (une retraite spirituelle, un cours de tricot, une tente pour les réfugiés de votre ville, un vélo électrique..., que sais-je...). Prenez le temps de réfléchir à un cadeau qui vous motive et soit en accord avec vos valeurs les plus hautes.

La motivation

Pour continuer cette pratique sur le long terme, il va me falloir des résultats à court terme. Sinon, hum, mes neurones vont aller courir le guilledou au lieu de chercher la Pleine Présence. Donc, à quoi peut bien me servir d'être plus présent, là, tout de suite ? Pour ma part, c'est facile. Si je me perds dans mes rêves, le fantôme de maître Keizan (un patriarche zen adepte des pouvoirs magiques) vient me chatouiller les pieds. Si au contraire je suis connectée à la vie, au cœur de l'intensité, une forme d'exaltation me saisit au plexus solaire : la sensation que l'on peut avoir quand on fait *exactement* ce dont on avait toujours rêvé. C'est très puissant et relié au thème du sens de la vie elle-même.

La plus grande des motivations est de trouver les activités qui correspondent à nos envies les plus profondes. Certains ont besoin de se sentir libre en toutes circonstances. La pratique du hacking mental (retour au moment présent) est alors idéale. Elle va leur permettre de reprendre le contrôle sur leur vie, de décider par eux-mêmes, de vivre comme un être humain plutôt que comme un robot dirigé par ses désirs.

Pour d'autres individus, se sentir en sécurité, rassuré est primordial. La vie leur est souvent difficile car remplie d'imprévus, de foule, de pressions extérieures, etc. La pratique de la Pleine Présence va créer un nid, accessible partout et toujours, à l'intérieur de soi. On peut en faire l'expérience, avec toujours plus d'acuité, à mesure que les moments de concentration se multiplient. Les pratiquants du zen sont ainsi beaucoup plus ancrés, solides, centrés, et une sensation de profonde stabilité se déploie.

Pour certaines personnes, avoir une vie au service des autres est fondamental. Il y est question de « mission de vie », de dévouement, d'altérité fondatrice. La pratique de la Présence va leur permettre d'être encore plus en lien, tout en restant suffisamment centrées, établies en elles-mêmes, pour éviter le piège de la détresse empathique. Une autre forme d'ouverture et de service se met en place. Elle est plus saine, plus calme et expurgée des éventuels besoins émotionnels (« Je t'aide pour que tu m'aimes ») qui pouvaient entacher la relation. Cette manière d'être, empreinte d'une profonde sagesse, repose sur ce merveilleux postulat : « Je t'aide sans demande ; juste parce que tu es un être sensible et que c'est – parfois – mon rôle de me relier à toi. »

Ces trois exemples évoquent l'importance de la motivation sur la voie spirituelle, quelle qu'elle soit, et dans la vie en général. Pour aller plus loin, il serait sans doute utile, pour chacun de vous, de prendre un moment pour y réfléchir. Avec cette question capitale : vous, oui, vous qui lisez ce livre, vous voulez quoi dans la vie ?

Pour aller plus loin : technique un brin sadique

Au cas où les explications fournies précédemment n'aient pas suffi à vous convaincre ou à vous motiver, utilisons maintenant la technique dite de la futurisation négative. C'est une méthode, un brin sadique, que je propose en thérapie quand la situation est bloquée. Elle est assez simple, mais préparez-vous psychologiquement au choc. Imaginez que rien ne change. Dans un an, deux ans, trois ans, vous êtes le même. Toujours accro à votre portable, les fesses vissées devant un écran à regarder la vie des autres sur les réseaux sociaux. À rédiger des commentaires ironiques ou acerbes sur le thème du climat, de la politique, de la souffrance animale, des réseaux sociaux (dans une mise en abîme vertigineuse). Toujours fatigué du quotidien, trop de choses à faire, sans compter ces PowerPoint à terminer pour hier. Toujours la tête pleine de pensées sans savoir comment vous en libérer. Toujours ces journées sans mettre le nez dehors, à travailler en attendant les prochaines vacances. Toujours l'impression de ne pas avoir le temps. Toujours la sensation d'une catastrophe imminente, mais quoi ?

Si le tableau décrit ci-dessus vous a fait manquer une ou deux respirations : youpi ! C'est le moment de constater les dégâts... Puis de commencer à changer ! Rien n'est écrit. Vous avez – nous avons – le pouvoir. En revenant régulièrement dans le monde réel, dans le moment présent, dans votre corps, comme cela est décrit tout au long de ce livre, vous allez pouvoir installer dans vos vies une forme de stabilité. Et celle-ci vous permet, en se développant jour après jour, d'opérer les changements dont vous avez besoin.

Le black-out

La prochaine méthode bouddhiste de survie numérique est à la fois moderne, originale, inattendue et… révolutionnaire ! J'aime la pratiquer au quotidien, en songeant, émue, et un peu triste, à toutes les personnes qui n'en ont encore jamais entendu parler. Quel dommage ! Et dire que la liberté est à portée de main. Cette méditation en action, presque métaphysique, enseignée secrètement par les sages à leurs disciples les plus avancés, est un trésor inestimable : source de joie, de plénitude, de reconnexion à l'univers, elle serait à même de répandre sur le monde ses bienfaits. Cette méthode est aussi enseignée par de nombreux parents à leurs ados grincheux en ces termes : « Éteins ton portable bordel de m… ! » Le Bouddha n'aurait pas mieux dit. Nadine de Rothschild non plus.

Alors parfois ce « black-out » est appelé « digital détox » ou « retraite numérique ». Ça fait chic. Mais le message est simple sinon simpliste : pour être heureux, vivons déconnectés.

Appuyer sur le bouton off

Qu'il s'agisse d'un iPhone 10, d'un Huawei ou d'un Fairphone (mon préféré – technique subtile de placement de produit pour un téléphone équitable fabriqué dans des conditions respectueuses : www.fairphone.com), la méthode est la même : appuyer sur le bouton off pour éteindre complètement l'objet du délit. Le mode avion ne suffit pas. Seul un black-out total pourra vous permettre de lâcher-prise et de reprendre pied sur Terre.

Du temps du Bouddha, l'un des préceptes interdisait aux moines de rester assis à regarder passer les éléphants (*dixit*), de nos jours il s'agirait plutôt de regarder passer les messages sur Snapchat et consorts[1]. L'idée est la même : stop ! Étant en contact étroit avec tous ces outils numériques, j'ai essayé beaucoup de techniques pour travailler en Pleine Présence devant un écran. J'ai parfois pris un siège inconfortable pour m'obliger à revenir dans le corps… Et j'ai attrapé un mal de dos sans me recentrer le moins du monde. À d'autres moments, j'ai installé une application « gong » sonnant toutes les vingt minutes, laquelle a fini par accompagner mes errements virtuels et résonner au loin, dans mon absence elle-même. Et puis j'ai eu longtemps ce petit pincement de culpabilité à attraper mon portable toutes les cinq minutes, avant que ce réflexe ne disparaisse au contact de mes contemporains citadins, les yeux rivés sur leur écran dans tous les lieux publics. Pour ce dernier point, j'ai la chance d'avoir le crâne rasé, un habit monastique et une image d'Épinal de « nonne sereine dans le moment présent » pour m'accompagner en ville, ce qui m'évite quand même de passer

1. J'emprunte cette petite blague bouddhiste au maître zen Thich Nhat Hanh, un homme merveilleux et plein d'humour, qui aura marqué le siècle de ses idées visionnaires.

trop de temps le portable à la main, réputation oblige ! Pour ceux qui rechigneraient encore à passer chez le coiffeur et à se promener en vêtements bouddhistes, il n'y a plus qu'une solution : le black-out !

Le procédé est d'une simplicité proverbiale : si l'écran est noir, il n'y a rien à voir. Attention, la méthode est beaucoup plus difficile à suivre avec le mode avion. Vous aurez sans doute un réflexe manuel pour balayer l'écran, ouvrir des applications, faire le tri dans vos photos ou regarder ces vidéos de vacances à Pampelune.

Donc une seule solution : le noir complet. Black-out.

Je connais même des personnes – remplies de courage – qui laissent leur téléphone à la maison à la moindre occasion. Mais ces dernières ont déjà acquis un niveau de sagesse très avancé et nous pouvons procéder par étapes.

Résister à la frustration et « remplir le vide intelligemment »

Que faire une fois le téléphone ou l'ordinateur éteint ? Tout le problème est là. L'être humain – comme la Nature dont il fait partie – a horreur du vide. C'est le premier apprentissage que j'ai eu l'occasion de faire dans ma pratique spirituelle : comment remplir le vide, autrement. (Le second enseignement, qui constitue un défi quotidien, est le suivant : comment rester en paix avec la sensation de vide. Nous y viendrons dans la prochaine section.)

Mais commençons par le début : remplir le vide intelligemment. J'ai éteint mon portable et n'ai pas encore réfléchi à ce que j'allais faire à la place. C'est le moment béni de créativité totale et d'ouverture des possibles, à moins qu'une légère angoisse ne se glisse dans la boucle. Que se passe-t-il quand je freine, voire stoppe complètement, l'enchaînement d'activités ? Un grand espace va s'ouvrir. Vaste comme l'Univers et vibrant comme cette lumière ruisselante de la Lune d'automne. Cet espace est comme une porte, à laquelle succèdent d'autres portes, en enfilade. Si je lui offre des « activités d'éveil », l'espace va rester ouvert, comme des passages s'engendrant successivement.

Si je remplis directement le vide avec une distraction (courses, lecture, discussion à bâtons rompus...), tout se referme, et la banalité du quotidien revient dans la boucle. Les pédagogues modernes sont unanimes : nos sociétés sont tellement riches, sécuritaires et confortables que la résistance à la frustration de leurs habitants s'est réduite comme peau de chagrin. Nous avons l'habitude de prendre l'ascenseur, de trouver rapidement notre chemin, d'avoir accès à l'eau potable, de manger dès que nous avons un peu faim (voire avant) ou de pouvoir acheter tout, tout de suite. Les livraisons premium en vingt-quatre heures ont un succès fulgurant, et renvoient l'image d'un être humain impatient, qui ne conçoit pas de devoir attendre. Lorsque c'est le cas – dans un magasin, à l'arrêt de bus, lors de grèves des transports –, ledit humain est désemparé. Il se jette alors sur son téléphone pour regarder frénétiquement le fil d'actualité de Twitter ou les dernières infos des départs de train, lesquelles se font attendre, bien entendu.

Dans d'autres pays du monde, la réalité est différente. Bien que nous ayons tendance à l'occulter, certains de nos contemporains n'ont pas accès à l'eau potable, ni à des ressources suffisantes et leurs journées sont tournées vers la survie. Sans vouloir prendre exemple sur ces quotidiens-là, dont la réalité est insoutenable au regard de la richesse occidentale, cette perspective nous invite sans doute à relativiser nos petits tracas et à apprivoiser l'impatience.

Pour ce faire, il est nécessaire de s'entraîner. En éteignant régulièrement votre téléphone, un certain malaise va naître, celui même que vous combliez précédemment avec des applications inutiles. C'est bien, et c'est normal.

L'exercice est précisément celui-ci : prendre conscience de l'impatience, du besoin d'agir, de cette force qui nous entraîne toujours ailleurs que là où nous nous trouvons.

La Voie spirituelle, ou la simple envie d'évoluer, ne peut faire l'économie de cette confrontation. Il existe de – très – nombreuses sources d'insatisfaction dans ce monde et vouloir les ignorer nous rend faibles. Cette tendance à la fuite nous écarte du réel. Le chemin préconisé par le bouddhisme est au contraire de voir les choses en face, directement, au lieu de poser les yeux sur un écran. C'est le sens de la sentence zen « Chaque jour est un bon jour », qui fleurit dans la bouche des maîtres en toutes circonstances. À condition d'être dans la réalité du moment, toute situation peut être l'occasion de se connecter au monde, tel qu'il est, et de laisser s'épanouir les fleurs du Bouddha.

Une fois la décision prise – le black-out –, différentes pratiques peuvent nous aider à faire de cet instant un apprentissage et à porter un nouveau regard sur le monde. Ces propositions vont « remplir le vide intelligemment » jusqu'à ce que nous soyons prêts pour l'étape d'après.

• Prendre conscience de sa respiration, de la vie qui coule en soi, du va-et-vient de la respiration au niveau du ventre (pour approfondir ce thème, voir le chapitre 6).

• Lever les yeux vers le ciel pour regarder nuages, arbres, oiseaux fendant l'azur ou tout autre signe d'émergence de la Nature dans nos vies bétonnées.

• Prendre conscience des pensées qui nous traversent sous forme d'images, de voix intérieure ou de sensation physique.

• Croiser des regards et sourire, dans une altérité rafraîchissante (c'est comme recevoir des demandes d'ami sur Facebook... mais en mieux !).

• Contempler le monde, les passants, les chiens, les enfants, toutes ces vies qui circulent souvent sans conscience, et devenir le témoin silencieux de vie qui se croisent.

Les pratiques décrites ci-dessus sont le quotidien des bouddhistes. Ils vivent ainsi au cœur des villes, incognito, comme des veilleurs, des sentinelles de la Pleine Présence, souhaitant par leur vigilance et leur concentration créer un nouveau modèle social... Rien de moins !

Réapprendre à s'ennuyer

Quel programme ! Cela me rappelle une question récurrente du public à la sortie de mon premier livre sur le silence : « Le silence, c'est pas un peu ennuyeux ? » Les lecteurs étaient d'accord pour acquérir une nouvelle méthode, technique, manière de faire ou de penser... Mais seulement si cette dernière apporte un plus, rendant plus facile le quotidien, et vite si possible.

Depuis des millénaires que l'être humain cherche à éviter la souffrance, sa quête de toute une vie, personne n'y est jamais parvenu. Certains souffrent moins que d'autres, sans doute, qui vivent dans un pays riche, sont à l'aise financièrement et s'occupent de leurs petits-enfants. Mais, ceux-là aussi vont tomber malades, vivre une passion amoureuse, assister à la mort de leur chien ou à la dépression d'un de leurs descendants, avec toute la culpabilité qui en découle. Les possibilités de souffrance sont infinies. Et le chemin du pratiquant zen va tout d'abord consister à en prendre conscience.

En écrivant ces lignes, je constate combien, encore aujourd'hui, j'ai tendance à m'échapper. Tout plutôt que de ressentir ce pincement au plexus solaire. Tout plutôt que d'avoir peur ou de culpabiliser. Pendant la journée, je fuis. La nuit, je fuis. Comme dans la chanson d'Alain Bashung :

« La nuit je mens, je prends des trains à travers la plaine.

La nuit je mens, je m'en lave les mains. »

À l'aune de la pensée bouddhiste, ces deux phrases expriment parfaitement mes tendances naturelles, quasi ontologiques : la fuite et l'oubli de la fuite. Je cherche à échapper à la réalité du moment et de l'émotion. Et juste après, seconde étape, je tente d'oublier cette pulsion en pensant à autre chose ou en passant à une autre activité. Et, contrairement à la chanson, ces enchaînements de pensée et d'action se produisent non seulement la nuit mais également au clair de jour.

Alors, pour inverser la tendance, le Bouddha expose la pratique suivante (citée par Walpola Rahula dans *L'Enseignement du Bouddha*[1]) : « Le *bhikkhu* [moine]) qui, dans une demeure solitaire, tranquillise son esprit goûte une joie surhumaine dans la claire vision de la doctrine.

« Quand il reflète comment les agrégats de l'existence naissent et disparaissent, il goûte le bonheur et la joie. C'est le nectar des sages. »

Refléter les agrégats de l'existence, signifie être avec, accueillir ce qui est là. Ne pas prendre le train à travers la plaine mais rester tranquillement assis dans le vent de l'impermanence. Et là, pas de doute, on risque fort de s'ennuyer ! C'est *le* grand obstacle rencontré sur la voie du zen. Contrairement à ce qui est écrit dans les livres pour appâter le chaland, une grande partie des heures passées devant le mur à méditer est purement et simplement ennuyeuse, voire très agaçante ! Le corps s'agite, l'esprit cherche un autre truc à faire : un éveil, une sensation de plénitude, une compréhension géniale... Tout sauf rester sans rien faire.

1. Walpola Rahula, *L'Enseignement du Bouddha*, Paris, Seuil, 2014.

Avec notre portable éteint, réapprendre à s'ennuyer, accepter la potentialité d'un manque, d'une tristesse, d'un vide, d'une angoisse, c'est se familiariser avec la patience et constater à quel point les graines d'agitation sont multiples. Mais, après quelques minutes, heures, jours d'arrêt forcé (pendant une retraite de méditation ou si vous perdez votre portable), ennui et agitation laissent la place à autre chose. Et, plutôt que de la nommer, force, ancrage, stabilité, Présence…, je vous laisse deux minutes pour l'imaginer.

« Celui qui, après avoir été négligent devient vigilant, illumine la Terre comme la Lune émergeant des nuées »

Le Bouddha, in *op. cit.*

Chapitre 6

Mon corps, ce héros

« Ce monde sensoriel tel qu'il est,
tel que nous en faisons l'expérience
pendant la durée de vie de ce corps,
est notre pratique du dharma.*
Il nous enseigne toujours quelque chose ;
il est notre refuge et notre maître »

Ajahn Sumedho, *L'Esprit et la Voie*

Préambule en bas d'un escalier

Une drôle d'aventure ce matin ! Comme de coutume, je galope d'un endroit à l'autre, d'une activité à l'autre, l'enthousiasme chevillé au corps, le sourire aux lèvres, et l'envie de savourer l'instant perlant de chaque pore de ma peau. Une nonne « accro à la vie » : cela pourrait bien constituer un piège notable sur la Voie du Bouddha – apôtre du détachement et chantre d'une existence posée et raisonnable – mais je m'occuperai de ces contradictions un autre jour, car là, j'ai plein de choses à faire ! Telles que contempler le monde, observer les changements des saisons, nourrir les chats du voisinage et découvrir – incrédule – la traversée nonchalante d'une petite limace d'un côté à l'autre du chemin. Elle avance lentement, déterminée, concentrée sur le but à atteindre. Je la regarde un instant, bel exemple de motivation, puis, inspirée par ce spectacle, reprends mes activités au pas de course. C'est jusque-là mon mode de déplacement habituel, je trottine, d'un endroit à l'autre, avec une énergie qui s'alimente d'elle-même. Ce rythme-là serait l'apanage des personnes dites *pitta* selon la classification ayurvédique. Des individus pourvus de beaucoup d'énergie, d'un grand feu digestif, qu'il est difficile de faire ralentir, ou de laisser sans objectif trop longtemps. Lors du panchakarma (rituel de purification*) que j'ai effectué en Inde il y a cinq ans, le médecin m'avait très facilement classifiée dans la catégorie *pitta* avec pour mission de ralentir et de calmer le mental. J'ai progressé sur le deuxième point mais pour le premier...

Ce matin-là, me voici en train de monter l'escaliers, de redescendre, de remonter, et, vlan !, de le dévaler sur les fesses, non sans m'être soigneusement tordu la cheville. Je reste quelques instants sonnée en bas des marches en gémissant, sans personne alentour pour me mettre du baume au cœur. Autrefois, Maman soufflait sur ma blessure et enlevait la douleur, comme par enchantement. Mais Maman habite désormais à cinq cents kilomètres et le souffle magique *via* Skype est beaucoup moins efficace. Me voilà donc avec une cheville d'une belle couleur bleu violacé, gonflée et douloureuse pour commencer la semaine.

Car, oui, on est lundi. Lundi, le jour de tous les commencements. Le jour de la *to do list* hebdomadaire, soigneusement élaborée, remplie, classée par thèmes, pour donner un cadre à une semaine qui, sinon, serait livrée aux quatre vents. Non pas que Zéphyr ou Éole m'indisposent, non, loin de là. Mais quatre vents aux volontés contraires peuvent créer un beau bazar dans une petite semaine. Le vent du nord voudrait méditer, le vent du sud se reposer, le vent d'est travailler, et le vent d'ouest partir en voyage… Les listes sont là pour mettre tout le monde d'accord et répartir les activités. Et donc, chaque lundi, j'écris des listes : une liste pour les tâches du monastère, une pour la ferme Kibo et une liste pour les activités d'enseignement, vidéos, podcasts, site internet, etc. Trois feuilles séparées qui me permettent de classer mes priorités, et de constater ma légère tendance psychorigide !

En contre-exemple parfait de ce que peut être une vie spirituelle, vous pouvez lire la biographie de Ram Dass, un sage indien du XXe siècle. Chaque matin, il se levait sans avoir la moindre idée de ce qu'allait bien pouvoir lui réserver sa journée. Il ne savait pas ce qu'il allait manger, la direction qu'il allait prendre (c'était un moine errant), ni quelle cahute allait accueillir son corps la nuit venue. J'y pense souvent : se laisser faire, être régi par les choses au lieu de vouloir marquer son empreinte, s'abandonner à la sagesse du monde… Et faire en sorte de parsemer les journées de moments Ram Dass. La *Ram Dass Method* (copyright – marque déposée) est disponible sans abonnement, sans engagement, et résiliable à tout moment.

Un corps présent, contre vents et marées

« Doucement, Kankyo »

Mais revenons à nos moutons, et à cette brebis étalée au bas de l'escalier. Ah !, ce matin, je ne faisais pas la maligne ! Bobo. Cheville en vrac. Et ces mots en boucle dans ma caboche : « Doucement, Kankyo. » C'est le mantra* que me répète chaque jour mon enseignant paysan, M. Lothar, un vénérable éleveur de quatre-vingt-huit printemps. Il est le propriétaire des chevaux dont j'ai repris la garde, et m'apprend à clôturer des prés, conduire le tracteur, passer la débroussailleuse et démarrer la tronçonneuse, une épreuve quasi initiatique. Lothar travaille tranquillement, consciencieusement, méthodiquement et me regarde passer d'un outil à l'autre avec un sourire moqueur. « Doucement, Kankyo », me répète-t-il du matin au soir. Un mot qui était étranger à mon vocabulaire jusqu'à ce que je m'épuise littéralement en maniant la barre à mine (six kilos à bout de bras) comme un vulgaire bout de bois et lui rende l'objet, vaincue et les bras en compote. « Doucement, Kankyo » quand je saute par-dessus une clôture et me prends les pieds dans les fils. « Doucement, Kankyo » quand je grimpe sur le tracteur pour chercher une pince-monseigneur et loupe la marche en manquant de m'arracher la mâchoire au passage. « Doucement, Kankyo » quand je descends à la volée ce p… d'escalier et me retrouve, moulue, au bas des marches.

Voilà. M. Lothar – comme toujours – a raison et il était dit que je devais l'apprendre dans ma chair.

Quelques heures plus tard, effectivement, j'ai ralenti. Contrainte et forcée comme vous vous en doutez, pestant intérieurement et me demandant que faire de cette *to do list* à rallonge incluant débroussaillage de prés, nettoyage de fumier et papouillage de chevaux. Certains de mes amis seraient enclins à donner un sens à tout cela : « Tu vois, c'est l'Univers qui t'envoie un signe. Tu en as sans doute un peu trop fait ces derniers temps et c'est le moment de lever le pied. » Expression adéquate s'il en est, car mon pied gauche est désormais en position surélevée. C'était donc le moment de (sur)lever le pied, soit, mais la question du « message de l'Univers » me laisse, quant à elle, dubitative. L'Univers c'est qui ? Un bonhomme au manteau immense comme la Voie lactée ? Une madame parcourant l'espace sur ses chevaux ailés ? L'Univers s'ennuie-t-il tellement pour s'intéresser à ma petite personne ?

Je laisse donc de côté les expressions familières et discutables comme « Il n'y a pas de hasard » ou « C'était écrit » pour aller voir de plus près le sens que j'aurais envie – moi – de donner à cet événement[1].

1. Vous aurez repéré ici un des travers récurrents des personnes « Référence interne ». C'est moi qui décide et il n'est pas né celui qui

Un corps présent

Cette chute est précieuse et sonne comme un rappel. Le corps est là, qui demande de l'attention, de la conscience, voire de la considération. Ces derniers temps, il est vrai, les activités se sont multipliées, tout comme les raisons de « se prendre la tête », comme on le dit familièrement. J'ai de nombreux dossiers ouverts en même temps : l'écriture de ce livre, le remboursement de l'emprunt bancaire contracté pour acheter la ferme Kibo, les travaux d'aménagement dudit lieu en permaculture, un dojo zen fondé au Luxembourg, des conférences ici ou là, sans compter les différents sites internet à gérer, les réseaux sociaux à animer et les entretiens spirituels avec différentes personnes. Ça fait beaucoup ! Et surtout de nombreuses occasions de réfléchir, projeter, organiser mentalement le déroulement des événements.

Et dans ce maelström d'idées, mon corps fidèle est un peu négligé. En temps ordinaire, je lui offre du yoga quotidien (avant l'aube si possible), des marches en forêt avec compagnon à quatre pattes, des étirements de la chaîne musculaire antérieure, de l'eau en grande quantité pour la fluidité de la mécanique et des repas équilibrés. Mais, depuis quelques mois, tout s'est peu à peu déréglé. Le yoga du matin a été remplacé par de longues sessions d'écriture, les marches à l'air libre par des réunions avec

---

va me donner tout cuit dans le bec le sens des choses, s'appellerait-il Dieu, Yahvé ou Bouddha !

les résidents de la ferme Kibo, les entretiens en vis-à-vis par des Skype (Covid oblige)... Et mon corps – le corps – s'est manifesté par différentes douleurs puis par un renoncement pur et simple en bas d'un escalier !

Cette chute est donc l'occasion de remettre les pendules à l'heure et de réintégrer le monde sensoriel. Le corps étant toujours dans le moment présent, ressentir le corps, s'y installer, permet instantanément de se reconnecter à la réalité. C'est ce que j'oublie trop souvent en élaborant et programmant du matin au soir. Mais là : stop ! Temps d'arrêt dans l'effervescence des journées. Il est sans aucun doute possible de vivre tout cela de manière différente et mieux ancrée. Et, pour retourner dans la maison du corps, je vais devoir faire une pause.

Quand la pause s'impose

Il en est souvent question dans ce livre, faire des pauses, s'offrir des temps d'arrêt permet de dessiller notre regard, de changer de point de vue. Il ne s'agit pas de longues pauses, de cure thermale qui s'éternise, ni de vacances à l'autre bout du monde. Non. C'est au cœur même du quotidien qu'il est possible de s'arrêter. On peut ainsi reprendre conscience de l'emballement du mental et réintégrer sa maison intérieure, le corps.

Dans ces pauses, celui-ci est comme un refuge, un nid douillet, au cœur de soi-même. Si cette idée vous dépasse ou si le retour au corps vous semble problématique, voire douloureux, vous avez raison ! Ce thème sera traité dans la section suivante.

En attendant, voici le recentrage, la pause sensorielle dont il est question. Il s'agit, ni plus ni moins, de s'immobiliser : arrêter complètement tout mouvement corporel, quelle que soit la posture que vous adoptez. Pour ne pas ajouter de difficulté, vous pouvez éviter la posture du yogi sur la tête (qui porte le doux nom de *sirshasana*, eh oui !), tout comme celle de l'abdo-fessier-jambe-en-l'air-sur-le-côté-encore-deux-minutes-vous-pouvez-le-faire. Assis, couché ou debout peu importe. Dans le bouddhisme, la Présence est recommandée dans toutes les activités et postures de la journée. Le point crucial est l'immobilité. Pour le dire simplement : ne bougez plus.

Cette inertie est une force. Elle permet au mental de s'apaiser pour s'harmoniser avec l'énergie corporelle. Corps-esprit sont liés comme Michel de Montaigne et Étienne de La Boétie ou comme le changement climatique et les cours de la Bourse. Agir sur l'un fait évoluer l'autre, en bien ou en mal. Donc en faisant une pause, sans bouger, l'esprit va de lui-même apprendre à se poser. Si les deux continuent de vivre dans une effervescence incontrôlable, ils s'auto-alimentent dans leur frénésie. Si le corps s'arrête – car c'est plus simple que d'arrêter l'esprit n'est-ce pas ? –, le mental va se demander ce qu'il se passe, puis rejoindre le mouvement, ou plutôt le « non-mouvement ».

Dans cette pause salutaire, nous allons de surcroît pouvoir découvrir un univers inconnu, une sorte de nouveau monde : celui des micromouvements du corps. Tout d'abord, ce dernier bouge imperceptiblement au rythme de la respiration. Il ondule, vibre, se déploie sur le fil de l'inspiration et de l'expiration. Mais ce n'est pas tout. De très nombreux mouvements intérieurs sont à l'œuvre : les battements du cœur, la circulation du sang dans les artères, les énergies subtiles... S'arrêter permet d'entrer en contact avec nos microcosmes. Et, tandis que nous observons, éblouis, cette incroyable circulation de vie, l'esprit se dépose, se calme, s'harmonise en adoptant un autre rythme.

Alors, bien sûr, parfois, cela prend un peu de temps ! Tout d'abord parce que le corps, tendu, stressé, contracté n'a pas du tout envie de s'arrêter. Mais aussi parce que l'immobilité peut faire apparaître en contraste un mental des plus bondissants. C'est normal. Cela constitue souvent le principal obstacle à une pratique méditative et/ou immobile : le malheureux cobaye a envie de fuir, en courant, en observant les dégâts ! On le comprend. J'ai moi-même ressenti à de nombreuses reprises, et encore récemment, cette envie de déguerpir pour ne pas assister au drame (acte III, scène 2) : l'esprit tournant en boucle dans la tête avec une idée obsédante. Qu'il s'agisse de l'image de notre ex épanoui avec sa nouvelle compagne (avec nos enfants riants aux éclats, histoire de souffrir comme il faut) ou de cette petite voix intérieure égrenant toutes les situations dans lesquelles cette collègue nous manque décidément de respect, les occasions de « boucle négative » sont aussi nombreuses que les étoiles dans le ciel... La beauté en moins.

C'est pourtant à cela que la voie spirituelle nous invite : cesser de fuir la souffrance dans un tumulte d'activités tentant en vain de camoufler l'étendue du désastre ! Oui la Voie du Bouddha, c'est cash ! Et la voie du zen encore davantage, ainsi que l'expriment les sentences suivantes :

« Lancez-vous dans l'abîme avec détermination et courage » ; ou encore « En haut du mât, faites un pas de plus » ; ou celle-ci, ma préférée, « Faire zazen, c'est entrer dans son cercueil ».

Pas envie d'arrêter : peur, stress, agitation

Inutile de le nier, à moins d'être au milieu d'une séance de massage aux huiles chaudes, la dernière chose que nous ayons envie de faire en général est bien de revenir dans le corps. L'esprit se fait même un malin plaisir à nous en extraire. Il va parfois jusqu'à nous envoyer une image du corps – subtil subterfuge ! – plutôt que de nous laisser accéder à la sensation directe. C'est pourtant bien de cela qu'il s'agit : une vie incarnée et réelle, dans toute sa splendeur et toute sa décadence. Mais, soyons franc une fois de plus, revenir au corps demande d'accepter le package entier. Soit le pack « tout en un », soit rien. Soit la palette complète des émotions et sensations « joies, peurs, angoisses, chaleur, froid... », soit leur version noir et blanc, à distance, projetée sur l'écran de notre mental dans une forme de dissociation onirique quasi mortifère.

La seconde version fait moins mal, bien entendu, mais ressemble à un film de science-fiction dans lequel nous serions comme de grosses têtes coupées, sans corps, les yeux fixes, hypnotisés par le film de nos vies se déroulant à l'intérieur de notre caboche. Une vie désincarnée, rêvée, imaginée, en un mot, pensée, au lieu d'être vécue. Dans de nombreuses histoires zen, le petit moine accède à la connaissance intuitive de la réalité au moyen d'un son ou d'un contact physique faisant irruption dans son cheminement mental. Untel entend le son d'un caillou sur le bambou, Untel se cogne l'orteil et comprend tout à coup la Vie et la Mort (ou plutôt la « Vie-Mort » comme la nomment subtilement les maîtres initiatiques). Aucun d'entre eux ne s'est épargné le rapport aux gens, aux choses, à la fuite du temps et leurs effets concrets sur les sensations du corps.

Quand on s'arrête donc, pour s'incarner, de nombreuses émotions vont devenir visibles. Précédemment camouflées dans la frénésie quotidienne, les voici qui passent sous les projecteurs implacables de la conscience. Ouille ! On aurait bien évité cette subite exposition médiatique ! Mais, la connaissance est à ce prix. Et la Pleine Présence (parfois appelée Pleine Conscience) inclut nécessairement le corps dans sa phénoménologie.

Différentes méthodes peuvent rendre l'épreuve plus douce, comme un retour progressif, quelques minutes par jour, puis quelques heures, en s'accordant le droit de ne pas y aller si c'est trop douloureux. Ou encore d'observer/ressentir le corps comme un explorateur partant en voyage, étonné, curieux de ce qu'il va bien pouvoir y découvrir. La vie qui s'y niche est pleine de surprises ! Et le paradigme fonctionne ainsi : plus on y retourne, plus on s'y sent bien, familier, ancré. Retrouver un corps, même imparfait, même souffrant, a pour vertu de redonner un centre à une vie dissipée : un peu comme si l'esprit, perdu dans les limbes de la réflexion et de l'analyse, pouvait soudain se poser quelque part pour souffler un peu en attendant la prochaine tempête (et en renforçant par la même occasion des fondations de la maison).

La posture de diamant

« Appréhende-t-on l'Éveil par le mental ou l'appréhende-t-on par le corps ? [...] On l'appréhende bien par le corps comme le disent les phrases célèbres : "Voir la couleur illumine l'esprit" et "Étendre le son fait appréhender l'Éveil". Par conséquent, si vous vous appliquez à la pratique de "seulement vous asseoir tel quel dans le recueillement", en vous dépouillant totalement de toutes vos cogitations et savoirs, vous serez à deux doigts de l'intimité avec l'Éveil[1]. »

Sachant cela, les maîtres zen ont tenté par tous les moyens de nous faciliter la tâche. Leur approche est parfois un peu rude – « Asseyez-vous face au mur, baissez le regard et taisez-vous » –, mais elle est à la mesure de leur confiance en nous.

À propos de rudesse et de confiance, voici un exemple récent au monastère, qui illustrera la subtilité de la sagesse zen. Un collègue de pratique a occupé cinq mois la position de « premier moine ». Il avait pour mission de donner l'exemple à la communauté, de se lever avant tout le monde, de se coucher le dernier, de faire la vaisselle, les travaux, les

1. Maître Dôgen, *Shôbôgenzô zuimonki*, traduit du japonais et commenté par Kengan D. Robert, Vannes, Sully, 2001, p. 141-142.

cérémonies avec enthousiasme et détermination, sans montrer la moindre défaillance. La première place n'est pas si facile, surtout quand elle s'accompagne d'un idéal de soi élevé. Alors évidemment, un jour, il s'est laissé emporter par la colère. Moi qui le connais bien, je voyais à quel point il s'en voulait d'être en colère, bref, la double peine. Animée par l'envie de l'aider, j'ai demandé au maître de lui accorder une journée de repos, avant les grandes cérémonies qu'il aurait à accomplir, pour se poser un peu et revenir plein d'énergie, de calme et d'esprit magnanime. Le maître, dans la pure tradition du zen, m'a envoyée sur les roses : « Il doit apprendre. Au cœur du brasier. C'est le meilleur moment. C'est aujourd'hui qu'il va devenir le premier moine. » Par ces mots, il manifestait la profonde confiance en l'autre pour dépasser cette épreuve et en tirer la substantifique moelle. J'ai ravalé mon envie de bien faire et de « décider pour l'autre » et suis repartie méditer cette leçon formidable.

Mais revenons à cette autre forme d'aide – radicale elle aussi – offerte par les patriarches du zen : des explications détaillées sur la posture du diamant. Cette pierre précieuse, donne son nom à la posture traditionnelle de méditation zen, *zazen*. Et c'est bien normal. L'assise recèle de très nombreuses vertus, de nombreuses facettes lesquelles, telles un diamant subtilement taillé, se révèlent avec le temps. Adopter précisément la posture de *zazen* aura des effets bénéfiques, conscients ou inconscients qu'il serait dommage de négliger[1].

---

1. Pour étudier en détail cette posture traditionnelle de méditation, vous pouvez regarder sur internet la série de vidéos explicatives

Tension/détente

La posture de *zazen*, qu'elle se pratique en lotus, demi-lotus ou en *seiza* (posture à genoux sur un banc ou un coussin), va tout d'abord nous enseigner l'alternance nécessaire entre tension et détente. Est précisée la consigne d'étirer la colonne vertébrale pour se grandir, en rentrant le menton et en poussant le sommet de la tête vers le ciel. Ces mots sont transmis, toujours à l'identique, depuis des millénaires avec l'idée de glisser ses pas dans les pas des anciens. Avec cette tension délicate de la colonne, un grand espace se libère au niveau du ventre. Cela permet au pratiquant de laisser advenir une respiration abdominale, profonde et stable. Ainsi la tension d'un côté rend possible la détente de l'autre.

Le pratiquant de *zazen* reste soigneusement en éveil, attentif aux évolutions de l'énergie, connecté à la réalité corporelle du moment. Dans le travail sur la posture, des réglages sont apportés régulièrement pour corriger tel ou tel excès. Si on a une légère tendance à la torpeur (ah, le *zazen* de 11 heures, juste avant le repas…), il s'agit d'étirer davantage le corps et de se concentrer sur sa partie haute – poitrine, tête – pour remonter l'énergie. Si on est trop agité, on va au contraire apaiser l'esprit en allongeant délicatement la durée de l'expiration, en accompagnant le mouvement jusqu'à son terme et en déposant l'esprit dans le ventre. Certains maîtres proposent

---

du maître zen Olivier Reigen Wang-Genh. Elles sont disponibles avec des sous-titres anglais ou allemands.

également de « respirer l'esprit », formule très intéressante qui vous parlera peut-être.

Trop de tension est appelé en japonais *sanran*. Trop de détente, *kontin*. Ces mots, bien connus des pratiquants zen, sont les deux principaux obstacles à la méditation. Et, soyons franc, on les rencontre au coin de chaque *zazen* ! Ainsi, en tendant le corps ou en le relâchant, notre travail précis et concentré sur la posture va modifier l'état interne. Cela illustre, s'il en était encore besoin, l'influence réciproque du corps sur l'esprit.

Animalité, spontanéité, énergie

Cette posture révèle également différents aspects de la nature humaine, de notre ontologie, que l'on aurait facilement tendance à oublier. Et notamment ceci : nous sommes des animaux. Nous ne *descendons* pas du singe, comme beaucoup aimeraient à le penser, nous *sommes* des singes ou des primates, avec une lignée séparée depuis sept millions d'années. Et, si nous sommes à peine moins poilus et sans doute moins « choupinous » qu'un chimpanzé, nombre de nos réflexes spontanés sont identiques : territoire, reproduction ou nourriture.

C'est ce que nous pouvons constater durant *zazen*, la méditation, ou dans les activités de la journée, grâce à ce réflexe de « conscience du corps » que nous mettons en place. L'une des vertus de la méditation est de nous rendre de plus en plus présents dans les sensations corporelles, dans tous les réflexes de saisie ou de rejet, dans toutes les émotions, feelings, désirs, envies qui traversent le corps.

Par exemple, il m'arrive de temps en temps de ressentir un désir sexuel, sans objet précis, qui circule à partir du chakra-racine : une sorte de chaleur, d'énergie puissante et pleine de vie se déployant dans les jambes ou remontant le long de la colonne vertébrale, jusqu'à faire frissonner cet autre chakra situé sur le sommet de la tête.

Assis immobile, nous sommes dans les meilleures conditions possible pour être dans les sensations, en temps réel. Sans jugement moral, les circulations d'énergie, de Qi – comme le nomment les médecins chinois – sont à même de réveiller le plus dissocié d'entre nous. Certaines personnes vivent à côté de leur corps. On pourrait dire qu'elles se regardent vivre, de loin, pour laisser à distance d'éventuelles souffrances ou douleurs physiques. Une vie en hologramme, sans chaleur, sans couleurs. Durant *zazen*, nous sommes dans l'exact opposé : une conscience vive des ressentis physiques, de nature à nous installer – pour de vrai ! – dans l'incarnation. Être incarné signifie vivre les choses, les événements de la vie, dans sa chair, dans son ventre, dans son centre, et pouvoir s'ouvrir à l'inconnu grâce à la stabilité d'une posture de diamant.

Pour le dire autrement : nous sommes OK avec le primate qui sommeille en nous, et avons installé ses canines, ses organes sexuels et son potentiel musculaire bien au chaud, dans le *hara*. Avec cet ancrage tellurique, tout peut circuler, toutes les sensations et les émotions peuvent apparaître et disparaître dans le vent de l'impermanence.

Le *hara*, immense réservoir d'énergie et d'ancrage, est situé trois-quatre doigts sous le nombril.

Chapitre 6

Mémoires d'une prof de chant

J'ai fait des études de droit public. Six années des plus intéressantes à explorer les différentes formes contractuelles, l'histoire des idées politiques ou l'organisation des finances publiques. J'avais pour ce dernier cours un professeur plutôt iconoclaste, s'amusant à mettre en lumière les zones d'ombre du budget de l'État. Il prenait un malin plaisir à exposer les espaces de non-droit dans lesquels ministres ou autres parlementaires pouvaient à loisir mener grand train aux frais du contribuable, ni vu ni connu. Nous étions dans les années 1990 et ces cours, associés à une certaine défiance face à l'autorité quelle qu'elle soit, m'ont confirmé dans l'envie de prendre une autre direction. Alors, je me suis mise à chanter.

Chanter. Chanter et laisser ma gorge vibrer en résonnance d'une trompette de jazz. Chanter et vivre la nuit, enveloppée de fumée et d'alcool, un pied sur scène et l'autre sur un tabouret de bar. Des années étonnantes, riches d'apprentissages, dont je ne regrette rien, sauf peut-être un certain malaise qui m'habitait alors. La petite Kankyo, « Isabelle Lorca » à l'époque, son nom de scène, ne tenait pas très bien debout. Elle vacillait d'une idée à l'autre, d'un bar à l'autre, d'un concert à l'autre en cherchant un sens à l'ensemble. La quête de l'époque avait déjà pour thème la vie et la mort : à quoi sert de vivre, que faire de tout cela, et si grandir était vain ? J'errais avec intensité pour trouver LA réponse. Dans ces divagations musicales, entourée d'un batteur, d'un saxophoniste et d'un guitariste de talent, j'ai donné mes premiers concerts, dont fort heureusement il ne reste aucune trace. C'est aussi l'époque où je me suis formée comme professeur de chant. Ayant multiplié les stages, les cours et les chorales, l'idée de partager mes découvertes s'est frayé peu à peu un chemin, entre deux articles du code administratif et trois cours de droit des affaires.

Dans le milieu du chant, j'ai fait de très belles rencontres : Pascal Baudrillart, directeur du Centre polyphonique de Franche-Comté (qui m'a encouragée dans cette voie), et Dominique Desmons, professeur unique, créatif, malicieux et iconoclaste, qui m'a appris, sans s'en rendre compte peut-être, que tout est possible. Avec ces deux figures, le chemin s'est tracé tout seul. Et, assez vite, peut-être un peu trop vite, je me suis lancée dans l'arène pour accompagner des élèves dans la découverte de leur voix. Une aventure, un sacerdoce, un sacré chemin semé d'embûches ! Un livre complet ne suffirait pas à évoquer les rencontres, les doutes, l'envie de – trop – bien faire. Mais c'est plutôt du côté des découvertes spirituelles et vocales que j'ai envie d'aller ce soir.

(« Ce soir », eh oui : j'écris ce paragraphe vers 21 heures, ce qui est plutôt rare car mes horaires d'écriture sont en général matutinaux. Une écriture du soir : voyons donc ce qui surgit de cet horaire non conventionnel).

Ré-apprendre à respirer

J'ai commencé à donner des cours deux ans avant de pratiquer le zen. J'habitais alors la charmante bourgade de Besançon, une ville traversée par la rivière le Doubs et par les utopies enivrantes des anarchistes Pierre Joseph Proudhon et Charles Fourier. Mon premier professeur de chant n'avait pas de corps. Spécialiste de la comédie musicale américaine des années 1950 (Judy Garland, Nat King Cole…), il était par ailleurs fortement imprégné de mystique islamique. Son enseignement se bornait à l'articulation et au placement vocal. Pas de corps. Il n'était jamais question de respirer, mais pourtant, un souffle mystérieux traversait ses cours.

La mise en œuvre du mécanisme vocal fait appel à une soufflerie précise, délicate, capable d'amplifier un son pour remplir un théâtre ou pour murmurer à l'oreille des anges. Je me suis très vite passionnée pour la respiration. Le diaphragme, traversant le corps de part en part, me fascinait, tout comme les muscles intercostaux rendant possibles des ouvertures et des tenues de son sans équivalent. Dans mes cours, j'ai pu constater l'importance de l'air pour la voix, mais aussi pour le bien-être général de l'individu. J'en faisais l'expérience en l'enseignant, ressortant de chaque cours avec une énergie débordante, des vibrations dans les jambes et l'envie de sautiller sur les trottoirs de la ville.

Un peu plus tard, les découvertes issues de ma pratique du zen ont influencé ma manière d'enseigner la voix. Je commençais chaque cours par cinq à dix minutes d'assise en silence, pour ressentir les différentes parties du corps, comme ces mouvements souples de la respiration auxquels nous portons d'ordinaire si peu attention. Un balancement, une ondulation est à l'œuvre du matin au soir au cœur de notre être (le ventre), et nous l'ignorons. Détourner la tête devant cette merveille est un peu comme sortir son téléphone devant un coucher de soleil : une faute de goût, un sacrilège. C'est pourtant ce que nous faisons, très souvent, en nous échappant du corps. D'ailleurs, vous qui lisez ce livre, là, tout de suite, ressentez-vous les mouvements de votre ventre qui respire ?

Pour de nombreuses personnes malheureusement, ce mouvement a pris refuge dans la poitrine, augmentant si nécessaire la pression. Respirer « en haut » dans la cage thoracique, tout près du cœur, en gonflant la poitrine, ajoute une tension dans ces zones dédiées aux émotions. Au contraire, quand la respiration descend dans le ventre, c'est une force – une tendre force – qui peut apparaître.

D'un point de vue technique, pour retrouver cette modalité respiratoire, pour respirer de façon abdominale, il suffit de vous allonger et de poser une main sur votre ventre. Vous constaterez alors qu'il se soulève quand vous inspirez et descend quand vous expirez. Faites ce simple geste quelques minutes, vous verrez, c'est très rassurant. C'est la base d'une reprogrammation complète de votre mécanique interne et le gage d'une vie plus centrée.

Mais quand on quitte la position couchée, c'est plus difficile ! Le corps, qu'il soit en position debout ou assise, est souvent parcouru de tensions diverses pouvant bloquer l'espace abdominal et faire remonter la respiration. Si les fesses sont serrées, le mouvement de bassin est impossible. Ce mouvement ondulatoire permet pourtant au ventre de se déployer, de s'ouvrir et dans une expansion souple. Or, notre popotin est souvent crispé pour différentes raisons : pour se défendre en parcourant la jungle urbaine, pour répondre aux diktats des journaux (« pour une silhouette de rêve, rentrez-le ventre et contractez les muscles fessiers ») ou par la simple habitude d'avoir un corps contracté pour tenir bon dans les épreuves quotidiennes. Nombre de contemporains sont en tension sans le savoir, mais cela est très perceptible de l'extérieur. Il suffit d'une simple observation pour constater les dégâts : dans la majorité des cas, la respiration est haute, et les muscles du bas du corps sont serrés, sans compter ces jeunes – ou moins jeunes – agitant les jambes avec frénésie dès qu'ils sont assis. Cette attitude s'est répandue ces dernières années : une sorte de danse de Saint-Guy permettant au corps d'évacuer les tensions intérieures par de petits mouvements des jambes. Mais la méthode est contestable, qui ne travaille pas à la source émotionnelle de la tension et reste un simple expédient. La question pour ces personnes, si vous en connaissez, serait : « Qu'est-ce qui vous empêche de rester immobiles ? » Puis, après cette prise de conscience salutaire, un travail psychologique pour apaiser l'esprit.

Réapprendre à respirer est donc un pas vers une autre manière d'être. En l'enseignant à mes élèves, pendant dix-huit ans, j'avais l'impression d'accomplir une sorte de « mission » et cela m'a donné des ailes. Ce travail me manque beaucoup ces derniers temps. Il a laissé la place à d'autres projets comme l'écriture, le lancement de la ferme résiliente Kibo (avec sauvetage d'animaux en souffrance) ou l'approfondissement des rituels zen. Mais je vais programmer prochainement des journées de pratique « voix et respiration » pour nous faire du bien, à vous et à moi !

Posture et micro-mouvements

À la fin des années 1990, j'ai découvert la méthode Feldenkrais. Une véritable révolution dans ma manière d'être au monde ! Avant, mon corps n'existait pas. Après, il ondulait, bougeait et répercutait ses mouvements des pieds à la tête. Pour moi qui ai toujours adoré danser, la méthode Feldenkrais a été l'occasion d'avoir un corps dansant. Quand il marche, il danse. Quand il cultive la terre, il danse. Quand il chante – bien sûr –, il danse. Quand il ramasse le fumier, il danse. Et le moindre micro-mouvement est l'occasion de célébrer la vie.

Du microcosme au macrocosme, de l'absence à la présence, comme un tango langoureux et distant, les différentes parties du corps se répondent : les bras entraînent les jambes dans la marche, le bassin réveille le ventre et assouplit la nuque. Et une splendide image de l'interdépendance chère aux bouddhistes se révèle, à l'échelle du corps.

Dans l'enseignement du Bouddha, la Deuxième Noble Vérité expose l'attachement aux sensations agréables comme l'une des sources de la souffrance. Ces sensations étant amenées à disparaître quand le corps vieillit (hou là là !, mon arthrose !) ou s'il tombe malade, la recherche de celles-ci serait illusoire et potentiellement douloureuse. Mais, pour avoir longuement côtoyé les corps de mes contemporains, il me semble pourtant que s'arrimer dans le concret quand notre société devient virtuelle est essentiel. Remettre les mains dans la terre, ressentir vraiment le goût d'un aliment, et surtout prendre conscience en toutes circonstances de la position de notre corps et des mouvements qui l'animent est une clé d'une vie plus consciente. Il s'agit de ressentir le réel en faisant un focus corporel. Ou pour le dire autrement : de revenir dans le corps pour revenir dans le moment présent.

Pour préciser : la sensation, le ressenti dont on parle n'est pas vague. Il est possible d'entrer *vraiment* à l'intérieur du corps au moyen de sa concentration. C'est ce qu'on appelle la proprioception, et c'est ce qui est enseigné en creux dans les pratiques du zen. Ainsi, pendant *zazen*, le pratiquant devient de plus en plus éveillé à l'énergie traversant le corps-esprit. Il sait comment le ventre bouge, comment fait la mâchoire pour se relâcher (un point clé), comment le bas du ventre peut se détendre et diffuser une douce chaleur, laquelle – couplée à la sensation du poids du corps lui-même – procure cet ancrage, cette stabilité, cette posture droite dont nous avons tant besoin.

C'est à cet endroit que voix et zen se rejoignent : une manière de « se tenir droit dans la vie », comme l'exprimait récemment le maître zen Olivier Reigen Wang-Genh, interrogé par des journalistes. Et, vous l'aurez compris avec les lignes qui précèdent, droit ne veut pas dire rigide ou contracté mais abandonné au mouvement de la respiration.

S'abandonner au son

Pour bien chanter, il faut se laisser chanter. Pour se laisser chanter, il faut accueillir les fausses notes et les surprises potentielles : voix qui déraille, note inconnue, dissonance… Facile à dire !

(Note : les personnes *référence interne* qui ont lu les deux sentences précédentes, agrémentées des « il faut », ont certainement sursauté, ou déjà changé de paragraphe, qu'elles me pardonnent !)

Donc, s'abandonner au son, au moins au début de l'apprentissage, pour laisser faire le corps. Ensuite, nous pourrons diriger la voix dans telle ou telle direction. Mais la première étape est un laisser être, qui se retrouvera souvent dans le travail vocal. Quand je donnais des cours, la demande des élèves était souvent de développer leur puissance vocale pour accéder au répertoire de la chanson française, de la pop ou du R'n B. Dans ce type de chant, la voix se doit d'être plutôt ample, énergique, ancrée dans le corps. On l'appelle voix de poitrine et elle obéit à un mécanisme particulier du larynx, des cordes vocales et de la soufflerie. Pour faire monter cette voix dans l'aigu (et atteindre les notes hautes des chansons de Céline Dion ou d'Aretha Franklin), il faut augmenter son volume. Chanter plus fort pour monter dans l'aigu, tout en mettant le corps dans une posture d'ouverture particulière. Ce qui demande une prise de risque assez grande dès le premier cours : oser montrer sa voix, fortement, dans sa nudité première, sans filet de sécurité. Les élèves étaient plongés dès le début dans le chaudron vocal, et se retrouvaient les bras en l'air, les jambes écartées, les genoux pliés, à chanter de plus en plus fort pour libérer les sons. Nous ressemblions à un mélange de Teddy Riner, pour l'ancrage, et de Leonardo DiCaprio dans *Titanic* (la séquence à l'avant du bateau les bras ouverts, « Je suis le maître du mooooonde ! »). Mais les résultats étaient là, et les fous rires aussi.

Grâce à cette entrée en matière, l'élève peut accéder au savoir suivant, « Quand le corps est déployé, il chante » ou encore « En laissant être le son, il se diffuse librement ».

La voie du chant est un chemin de liberté et un apprentissage du lâcher-prise. Voie confinante à initiatique, elle permet aussi de se familiariser avec ses zones d'ombre, ses envies de perfection, son besoin d'admiration ou son absence de confiance. Le rapport à l'enseignant met tout cela en exergue. Il devient l'« autre », celui qui observe et peut – par sa simple présence attentive – permettre l'éclosion et donner le courage de s'abandonner au son.

Ainsi, voix et zen sont des chemins parallèles qui se croisent souvent et s'enrichissent mutuellement. Aujourd'hui, j'enseigne surtout lors de stages collectifs et continue de chanter et d'explorer. Dans les journées monastiques, nous avons beaucoup de sutras qui sont récités pendant les cérémonies. Ils sont chantés de façon simple et dépouillée, à l'image du zen, sur une ou deux notes. C'est chaque fois l'occasion de retourner dans la vibration, de respirer profondément et de laisser les sons s'envoler dans l'espace infini… Comme des oiseaux de printemps.

Chapitre 7

Colères et jalousies sur la voie du Bouddha

Dans l'idéal, je n'aurais jamais à écrire ce chapitre. Dans l'idéal j'aurais de nombreux amis, qui me respectent, m'aiment, me félicitent pour toutes ces choses que j'accomplis du matin au soir. Des amis qui se réjouissent quand je sors un nouveau livre, qui fêtent mon anniversaire, achètent du champagne pour célébrer l'achat de la ferme Kibo et prennent régulièrement de mes nouvelles.

Dans les faits, euh, comment dire ? J'ai des amis, bien sûr, mais aussi bon nombre de comparses aussi mignons que grincheux prêts à souligner mes fautes ou à me mettre en garde contre « la grosse tête ». Cet état de fait n'est pas propre au bouddhisme, aux dojos zen, ni aux monastères et ouvre de nombreuses pistes de travail personnel. « Qu'est-ce qui dépend de toi dans la relation ? », se plaît à me rappeler régulièrement Séverine Duhau, ma superviseuse en hypnose. Un questionnement pas toujours agréable mais salutaire pour dénouer les situations qui peuvent l'être.

La route est longue et les obstacles multiples, mais avant d'explorer cela, laissez-moi vous proposer une petite incursion dans le monde magique de la consommation, là où les comportements et failles émotionnels se révèlent dans toute leur nudité. Dans les magasins, l'être humain est transparent et ce voyage au pays du lèche-vitrines nous permettra de mieux comprendre la « nature humaine », quand elle souffre et qu'elle n'a pas – encore – les outils pour agir autrement. Un pèlerinage au pays de la Carte de crédit et une manière d'éclairer ces peurs, colères ou jalousies mentionnées plus haut.

Préambule chez les marchands du temple : consommer et « trouver sa place »

J'achète donc je suis

J'ai longtemps arpenté le macadam des villes. Citadine dans l'âme, les rues bondées étaient mon quotidien : c'est plus facile de se cacher au milieu de la foule. À l'époque, j'y trouvais refuge, à pied ou à vélo, pour des heures d'errance, sans but, d'un endroit à l'autre, de petits troquets en magasins, en tentant d'oublier la condition humaine.

Pendant de longues années en effet, les angoisses étaient mon lot : peur de mal faire, d'être moquée, de perdre pied, d'être démasquée ou de terminer ma vie seule, je me promenais le nez baissé et le cœur serré, oscillant entre désir d'invisibilité et besoin d'être remarquée. Les heures passaient en se ressemblant. Quand le malaise se faisait trop intense, je tentais la disparition au coin d'un bar, la tête dans le journal, café, clope à la main. C'était l'époque où l'on fumait, partout, recrachant les volutes comme des stars de ciné. Les mots des quotidiens (*Libération*, *Le Canard*) me changeaient les idées et je dévorais les chroniques rock, ciné, télé pour savoir quoi penser et qui admirer.

Ensuite, énergie retrouvée, angoisse atténuée, je pouvais à nouveau me colleter au monde.

Et là commençait la Quête, la Croisade, la Conquête : trouver ma place.

D'où pouvait bien venir cette croyance qu'une place m'était réservée quelque part ? Que j'allais – un jour – pouvoir m'y lover confortablement et me sentir en adéquation ? Un jour, j'aurais le bon boulot, les bons vêtements, la bonne coupe de cheveux et serais l'invitée premium des dîners en ville. Un jour... En attendant, la sensation de ne pas être à la hauteur et de devoir faire bonne figure capturait toute mon énergie. Je cherchais une validation dans le regard des autres, lesquels étaient occupés à se contempler dans la glace.

Dans cette vie électrique, les achats de vêtement occupaient une place centrale. Trouver un style, bien à moi, offrait la promesse d'une existence spéciale. Je sillonnais alors les rues pour dénicher le bon jean, les bonnes chaussures, le bon coiffeur ou le bon piercing, encouragée par les journaux féminins et limitée par un budget d'étudiante bridant ma créativité. J'étais pauvre, ou du moins pas très riche, et j'avais beau faire semblant en achetant en période de soldes, je n'avais pas les moyens d'acquérir les *tops* du moment. Comment prendre ma place – au soleil – en venant de la classe moyenne ? J'oscillais entre fascination et rejet, fréquentant quelques soirées bobos pour les critiquer à haute voix le lendemain.

Strasbourg, un samedi après-midi

Ces souvenirs en demi-teinte me reviennent avec force ce samedi après-midi. Je viens de traverser la ville à pied pour donner une conférence dans une bibliothèque ésotérique fondée il y a plusieurs siècles : un endroit surprenant, à deux pas de la cathédrale et de la place Gutenberg, où les habitués se réunissent pour parler de parapsychologie, de pouvoirs surnaturels, de médiumnité et d'initiations. J'ignore à quelle sauce je vais être mangée, mais j'ai suivi un an les cours de l'Institut métapsychique international, à Paris[1], et je connais un peu l'orientation actuelle des recherches (trouver des preuves scientifiques à des phénomènes encore inexpliqués). Mon thème, quant à lui, n'a rien de paranormal, la méditation zen, quoique…

Je suis venue en avance pour deux raisons. D'abord trouver une place pour me garer à proximité, mais je doute que le sujet vous intéresse. Ensuite, pour écrire, au cœur de la ville, dans le mouvement des êtres, des vélos et poussettes d'enfant. Le samedi à Strasbourg, de

1. L'IMI a été fondé notamment par Camille Flammarion, versé dans les recherches ésotériques.

nombreuses personnes se pressent dans les rues : un formidable poste d'observation pour qui aime à contempler ses contemporains.

Nombreux sont ceux qui – comme moi autrefois – cherchent leur place. Je les détecte à cent mètres à la ronde, une inquiétude dans l'épaule, un regard fuyant ou trop assuré, une attitude corporelle disant « Regardez-moi ! ». La faille affective qui se dessine en creux est colossale et conditionne leur action sur le monde. Les émotions étant le baromètre de l'activité humaine, les failles à combler étant légion : le commerce a de beaux jours devant lui !

Le paradigme est le suivant : plus je vais mal, plus je consomme. J'achète des vêtements pour échapper au temps qui passe et aux rides qui s'entrelacent sur mon visage, de plus en plus nombreuses. Je choisis de nouveaux rideaux pour oublier le futur capitonnage de mon cercueil (le noir est tendance). Je flâne dans les allées des librairies pour me changer les idées, lesquelles oscillent entre projets de vacances, crainte de l'avenir, divorce, garde partagée et stress au travail. Ce réflexe de distraction matérialiste est un refuge ordinaire. Il s'exprime parfois par un simple détour par la machine à café : je fais une pause, tasse à la main, au milieu du tumulte, pour échapper quelques instants à une vie programmée dans laquelle je me retrouve si peu.

Pour se soustraire à la difficulté d'être au monde, les êtres humains achètent, consomment, entassent des biens sur une planète qui croule sous les déchets plastiques : des acquisitions frénétiques censées combler un manque, lequel ne se laisse pas dompter si facilement.

Grâce aux biens matériels, ils espèrent aussi marquer leur empreinte sur le monde, montrer leur statut social ou affirmer une place, une identité, avec d'autant plus de force que la confiance est vacillante. Dans ces cas-là, agir autrement est difficile. Cette tendance a pour source toutes les émotions inconscientes, non assumées, inconnues, inacceptables, difficiles, qui font la vie d'un être humain. Aucun autre remède – autre que celui-ci – ne semble disponible. Le thème des émotions étant rarement enseigné à l'école, de nombreuses personnes sont démunies devant ces surgissements spontanés. Le premier réflexe sera souvent de les ignorer ou de les apaiser avec un jouet, une distraction et un objet, quel qu'il soit. À moins que les tensions, trop fortes, ne s'expriment dans un déferlement de violence en marge ou au cœur des villes.

Mais ce n'est pas tout. Quand les revenus baissent, comme cela se produit dans ces temps troublés, le malaise devient de plus en plus perceptible. Il s'expose dans la colère des gilets jaunes, dans des revendications populaires aux quatre coins du monde, dans des révoltes – justifiées – dénonçant l'accroissement des inégalités. Si l'argent définit ma place dans le monde, me permet – un peu – de tenir le coup, d'oublier ma condition, avoir des revenus en baisse est des plus humiliants. Plus aucune béquille sur laquelle s'appuyer. Avant, j'avais au moins accès aux bonnes affaires chez Lidl. Maintenant, je compte chaque centime pour boucler les fins de mois. Et aucun autre chemin ne semble se dessiner que de subir, de déprimer… Ou de se révolter.

Note politique : autant d'idées auxquelles on peut réfléchir l'estomac plein. Autant de notions, complexes, accessibles aux classes sociales éduquées, capables de lire ce livre, de s'inscrire à des retraites bouddhistes, de faire des formations de communication non violente (CNV) ou de gestion des émotions. Pour les autres, les oubliés de la croissance, qu'elle soit matérielle ou spirituelle, les initiatives manquent. Je forme ici le vœu que notre évolution commune prenne en compte cet aspect et que les formations – gratuites – de méditation zen se multiplient partout où cela sera possible. Je reste à l'écoute et disponible pour des initiatives de cette nature et pour mettre les intervenants en relation (contactez-moi sur mon site www.dailyzen.fr).

Trouver/protéger sa place, une fausse question ?

C'est donc ce manque, ontologique, ces émotions subies qui conditionnent beaucoup de nos comportements quotidiens. Outre l'aspect matérialiste évoqué ci-dessus, ce manque est aussi à l'œuvre dans les conflits de toutes sortes qui naissent entre les êtres. Le Bouddha évoquait la soif et l'insatisfaction chronique comme sources de la souffrance humaine.

Pour le dire autrement, cette place à défendre, à trouver ou à sécuriser est un puits sans fond. Rien ne sera suffisant pour combler le vide, lequel prend sa source dans deux mouvements intérieurs :

- L'idée que « je » serais séparé de l'autre ;
- La croyance selon laquelle ces émotions sont « les miennes ».

Ces points seront développés un peu plus loin. Mais cette fameuse « place à prendre » fait beaucoup de dégâts. Au monastère, l'une des nonnes brandit ainsi en toutes circonstances et comme un étendard cette phrase riche de sous-entendus : « C'est ma responsabilité ! » Le second degré étant : « Si tu empiètes sur mon territoire, tu sauras me trouver. » Il y a d'un côté *ses* prérogatives, de l'autre le reste. Et elle passe autant de temps à protéger les siennes qu'à refuser les autres tâches éventuelles. Nous nous connaissons bien, depuis des années, et cette protection territoriale empêche toute collaboration. Pour autant, son fonctionnement m'est assez familier et je retrouve en elle certaines de mes tendances, à peine amplifiées. Récemment, en mon absence, le maître lui a demandé d'organiser une cérémonie funéraire. C'est normalement l'une de mes attributions et je me suis empressée, à peine revenue dans le monastère, de repréciser mes prérogatives, pour ne laisser aucun doute (*Mea Culpa, mea maxima culpa*). Une vraie bataille de pouvoir, sous le regard du Bouddha, lequel semble ce jour-là avoir soupiré, en levant les yeux au ciel, avec lassitude. Vingt ans de pratique pour en arriver là, je le comprends.

La question sous-jacente qui m'est apparue juste après était la suivante : qu'ai-je peur de perdre ? Le pouvoir de décider du déroulement de tel ou tel rituel ? Un rôle de responsable et l'image de soi qui en découle ? Sans doute en grande partie. Bien que l'ego soit *in fine* une illusion, elle est fort bien conçue et je me surprends encore régulièrement à être prise dans ses filets.

Pourtant, les choses peuvent se dérouler avec beaucoup plus de fluidité. Certaines personnes ne constituent pour moi aucun danger. Leur énergie est douce, leur envie de pouvoir aussi faible que leur capacité de lâcher-prise est grande et cet état d'être se transmet dans la relation. Ainsi, avec une autre nonne, tout est différent. Nous préparons ensemble les retraites, réfléchissons à l'organisation, nous nous cédons la place, nous nous consultons en permanence. Elle est ma supérieure hiérarchique mais n'abuse jamais de cette position et préfère clairement la collaboration à la décision unilatérale. J'ignore comment elle vit les choses, mais pour moi c'est très confortable. Ayant toutefois une tendance à vouloir diriger et décider – vite si possible –, j'ai mis en place un signal d'alarme destiné à harmoniser nos rapports : il me sert à respirer, me centrer, pour rester dans la proposition, prendre mon temps et tenter surtout de ne rien imposer.

Ce chapitre est décidément difficile à écrire. J'aimerais pouvoir raconter les merveilleuses méthodes, pleines de sagesse, avec lesquelles je gère mes interactions avec les autres. J'aimerais dévoiler des prises de conscience salutaire ayant changé du tout au tout ma manière d'être. Mais en y réfléchissant avec sincérité, ce sont davantage de petites lueurs que des lasers ultra-puissants.

J'espère que ces lucioles pourront tout de même enluminer vos nuits.

Quelques techniques inutiles de résistance à l'agression

Après vingt ans de vie en communauté, j'ai pu identifier quelques techniques de gestion des conflits parfaitement inutiles, voire contre-productives. Pour les avoir testées de nombreuses fois – avec l'idée bizarre que seule une erreur répétée permet un apprentissage –, je confirme, solennellement, leur inefficacité totale. Je souhaitais ici les dévoiler en avant-première, pour vous faire gagner du temps. Mais libre à vous de les expérimenter à votre tour : soyez votre propre lampe comme l'enseignait Bouddha !

Pour vivre heureux, vivons cachés

Dans un monastère zen, nous sommes ensemble du matin au soir et les moments de solitude sont rares. Quand des conflits apparaissent ou qu'une fatigue passagère se manifeste, l'envie est grande de se réfugier dans sa grotte. Le moine ou la nonne demeure alors de longues heures dans sa chambre – quand cela est possible – et passe le reste de son temps à fuir les conversations quotidiennes, les repas de fête ou les moments communautaires. C'est comme s'il portait sur le front une étiquette « ne pas déranger ».

Pour l'avoir souvent pratiqué, j'ai l'impression que cette méthode maintient le malaise plutôt qu'elle ne l'apaise. Car, se mêle, au retrait une profonde sensation de culpabilité. L'esprit communautaire étant porté au fronton de l'avancement spirituel, se retirer du groupe ressemble à un échec. On m'a parlé d'un monastère dans lequel les repas conviviaux sont « obligatoires ». Le malheureux souhaitant en profiter pour échapper au groupe et trouver quelques moments de solitude est sorti de sa chambre pour se joindre aux réjouissances, de gré ou de force. Je l'imagine alors un sourire figé sur le visage, contraint à la gaieté, le cœur serré. Si j'en comprends bien l'idée sous-jacente (s'harmoniser et s'oublier soi-même), je ne cautionne pas ce genre de pratique, qui ressemble trop aux méthodes d'autrefois visant à casser l'ego. Un apprentissage en douceur, selon le rythme de la personne et la compréhension profonde me semble préférable.

Toujours est-il que le reclus se doit à un moment de rejoindre la troupe. Le fera-t-il le cœur en paix ou bourrelé de mauvaise conscience… Toute la question est là.

Chercher des alliances

Quand nous avons subi une injustice, qu'on nous a rapporté des critiques récurrentes ou qu'un conflit larvé s'affiche au grand jour, vive est l'envie de chercher des alliances. Constituer de petits groupes de défense, chercher du soutien auprès de personnes qui comprendront à quel point « on » nous maltraite, pouvoir se plaindre et dénigrer l'autre, celui qui nous a fait du mal, sont autant de pistes qui ne soulagent que très brièvement.

Dans les monastères, nous avons tous ou presque reçu des préceptes pour guider nos actions quotidiennes. L'un d'eux s'énonce très simplement : « Ne pas critiquer. » Alors, quand nous trouvons une oreille amicale pour nous plaindre d'Untel ou d'Unetelle, il serait fort étonnant que ce précepte ne se trouve pas brisé. C'est d'ailleurs souvent le visage mitigé que nous renvoie notre interlocuteur qui nous le rappelle. Oui, il veut bien nous écouter dans notre malheur, mais non, le faire au détriment d'un autre ne sera pas éthique. Ambivalence de la situation. Et les deux parties d'en ressortir aussi mal à l'aise l'une que l'autre.

Dans mon quotidien, j'essaie donc le plus possible de résister au poison de la critique. C'est loin d'être simple et demande en premier lieu d'accepter la blessure. Comme cela est décrit au chapitre 4, il y a beaucoup de méthodes pour apprivoiser et libérer l'émotion qui apparaît. D'un point de vue bouddhiste, déraciner la souffrance au plus vite permettra d'éviter la propagation d'un *karma** de vengeance, de colère ou d'agressivité. Le risque inverse étant de laisser ce poison se diffuser lentement mais sûrement dans notre organisme, de l'entretenir et de l'alimenter en cherchant des alliances.

CHAPITRE 7

La contre-attaque

Mon Dieu, qu'elle est tentante ! Mon Dieu, comme les occasions sont nombreuses de remettre la balance à notre avantage !

Hier, je lisais sur Facebook un commentaire assez rude à mon endroit (à mon envers aussi d'ailleurs, si vous permettez, car les deux côtés ont été touchés de conserve). Un uppercut, un direct au foie, sans semonce préalable. Je ne m'attends jamais à des attaques frontales. Celle-ci concernait mon *ego* surdéveloppé et mon goût pour les sunlights. Soit. Maître Deshimaru avait souvent cette sentence rassurante « Gros ego, gros satori » et – si le fait est avéré – ce commentaire Facebook serait plutôt une bonne nouvelle.

En attendant, sur le moment, mon sens du second degré était aux abonnés absents. Et j'ai hésité quelques instants sur la marche à suivre. Répondre du tac au tac, en maniant l'ironie ? Tentant. J'ai heureusement été refrénée *in extremis* dans cette pulsion par un autre précepte bouddhiste : « Ne pas se mettre en colère. » Pour ceux que cela intéresse, il y en a dix : dix préceptes – aussi difficiles à suivre les uns que les autres ! – agissant comme garde-fou dans nos actions quotidiennes. Pas de jugement dernier ou d'enfer pour motiver les pratiquants à les suivre, non, juste cette simple loi : les actes produisent des effets. On appelle cela le karma, et, sous le parapluie karmique, la marge de manœuvre est limitée.

Répondre au coup par un coup est donc – vous l'aurez compris – déconseillé et la guerre israélo-palestinienne nous montre si besoin l'inefficacité de la méthode.

Que ferait le Bouddha ?

Au vu de la complexité du propos, autant aller chercher les infos à la source. Qu'aurait fait lord Bouddha dans de telles occasions ? Je l'imagine fort bien le port de tête noble, les traits fins, la peau rayonnante, arpenter à pas lents les chemins du nord de l'Inde suivi par une cohorte de fans enamourés. Les pierres du chemin s'arrondissent à son passage, les oiseaux pépient leurs plus belles mélodies, de jeunes femmes lui offrent des fruits sucrés, de riches marchands un toit pour la nuit. Comme la vie est douce au pays du Bouddha... Dans tes rêves, Kankyo !

Shakyamuni a traversé, comme tout le monde, une bonne dose d'épreuves. Son existence attisait les rivalités, les colères et la médisance, et son message iconoclaste était fort mal perçu par la société de l'époque. Les brahmans (prêtres hindouistes) lui en voulaient pour sa critique des castes et des pratiques sacrificielles. Son cousin Devadatta tenta plusieurs fois de l'assassiner. Des familles l'accusaient de semer la zizanie dans les foyers en incitant les hommes à devenir des renonçants (sadhus). Sans compter les autres enseignants de l'époque qui lui cherchaient des noises. La vie du Bouddha n'était donc pas une sinécure et ressemble fort aux épreuves que traverse de nos jours un grand nombre d'entre nous. Alors, comment faisait-il, lui, l'Éveillé, le sage de la tribu des Sakyas, pour traverser tout cela ?

Sauf à opérer un voyage dans le temps, il m'est difficile de lui demander en face. Je ne peux que m'abandonner à l'imagination ou me connecter à la conscience *Ālaya*[1]. *Ālaya vijñāna*, c'est cette conscience universelle, encore appelée « conscience réservoir », censée contenir toute l'histoire et la sagesse de l'Univers.

Dans cet espace-là, dans cette conscience *Ālaya*, la réponse du Bouddha est accessible. Et pour l'entendre, rien de plus simple : laisser suffisamment de place dans son esprit pour l'accueillir. On appelle parfois cela « laisser la place au Bouddha » et la pratique de la concentration est de nature à favoriser cette ouverture mentale. Encore une bonne raison de commencer ou d'intensifier sa pratique de la méditation n'est-ce pas ?

Changer de point de vue

Quand une situation est bloquée, il peut être fort utile de changer de point de vue. Un déplacement de centre de gravité, une sortie hors du corps, un petit effort d'imagination et le tour est joué : nous voici à la place de l'autre. Que peut donc bien vivre notre vis-à-vis à ce moment-là, au moment même où nous envisageons de nous venger et de le livrer au supplice chinois ? Bien souvent, sauf cas pathologique de psychose avancée, c'est facile : l'autre souffre ! Autant que nous, sinon plus, dans les modalités qui sont les siennes.

---

1. *Ālaya* signifie en sanskrit « réserve », comme dans le nom des montagnes Himalayas, les « réserves de neige » (puisse la fonte des glaces à travers le monde les épargner encore un peu).

Je repense à cet homme qui me foudroie du regard à la moindre occasion (depuis une dizaine d'années, croyez-moi, ça renforce le caractère). Si je me vois dans ses yeux, je suis cette jeune impertinente à qui tout réussit, qui a plein d'amis, qui rabaisse le dharma avec des notions simplistes et sillonne la planète en tous les sens [1] pour présenter des livres lamentables.

Une vision insupportable, un miroir inversé. Alors il souffre. Il trouve cela injuste, inacceptable, le contraire de ce qui devrait être. Le monde devrait normalement admirer les personnes discrètes, humbles, sérieuses, savantes, raisonnables, détachées des émotions et intelligentes… Des gens comme lui. Et, puisque rien ne paraît pouvoir déloger la jeune donzelle de son piédestal, il ronge son frein, attendant son heure pour faire connaître la vérité au grand jour et rétablir la marche du monde.

Mais de quoi souffre-t-il ? À y regarder de plus près, l'émotion principale semble être la colère. Celle-ci surgit en général devant les situations sur lesquelles nous n'avons aucune emprise. En l'occurrence, je suis souvent sur son chemin. Et il n'y a rien à faire. Nous fréquentons les mêmes lieux, les mêmes personnes, avons la même pratique spirituelle. Dur, dur.

Se mettre quelques instants à la place de l'autre permet de mesurer la colère, la peur, l'agacement ou la jalousie

---

1. Note écologique : depuis ma prise de conscience climatique tout aussi climatique, voir le chapitre suivant, j'ai décidé de renoncer à effectuer 95 % de mes voyages en avion.

endurée. Sans excuser, sans oublier ses propres besoins, ni vouloir résoudre la situation d'un coup de baguette magique, le nouveau regard est salutaire. Il permet de ne pas réagir à chaud, de laisser couler, tout en posant des limites, si nécessaire. Ce changement de point de vue est facile d'accès grâce à cette simple question : « De quoi l'autre a-t-il besoin ? »

Le Bouddha le vivait bien entendu en d'autres termes, avec une vision beaucoup plus vaste sur la réalité. On l'appelle la Claire Lumière. Il s'agit là aussi d'un changement de cap, voire d'un bouleversement complet. La nuit de l'Éveil, quand après de longues journées d'absorption méditative, Gautama est devenu Bouddha, il est supposé avoir eu accès aux six connaissances, et parmi elle à *dibba-cakkhu ñāṇa*, l'« œil des Deva », la connaissance qui permet de tout voir. Cette faculté aide à replacer les choses, les êtres, dans un ensemble beaucoup plus vaste de causes et conditions, à l'échelle de l'Univers, ou plus. Dans cette perspective, et sans avoir besoin d'accéder – comme le Bouddha – à la vision profonde, savoir qu'une myriade d'éléments contribuent à la situation actuelle est de nature à s'y sentir plus libre.

Il nous appartiendra ensuite d'évaluer notre part de responsabilité (ce n'est pas seulement la faute aux étoiles !) et d'adopter le comportement juste.

Dans le cas présent, j'ai choisi le non-agir, la non-réaction et progresse sur le chemin de la non-critique. Le reste est entre les mains du Bouddha.

Accepter, faire confiance à l'Univers

Nous voici au cœur du mystère, celui de la non-dualité, *funi* (en japonais). L'idée que toutes les choses sont reliées et interdépendantes. Sous ce prisme, je suis « non séparée » de S., mon ennemi. De prime abord, cela n'a rien pour me faciliter la vie. Notons que cette notion, très complexe, exprime un nihilisme plutôt qu'une façon d'être. Cette manière de nommer « ce qui n'est pas » laisser libre cours à l'imagination plutôt que d'enfermer en décrivant précisément les choses : « non séparé » est différent d'« unité », la nuance est subtile.

En l'espèce, cela évoquerait que ma vie n'est pas indépendante de celle de S. On ne saurait mieux dire. Les lignes qui précèdent, en décrivant la relation, même compliquée, qui nous relie peuvent d'ailleurs en témoigner. C'est grâce à lui que vous lisez ces lignes, c'est son supposé regard qui me fait explorer certains marécages émotionnels et ce sont nos valeurs opposées qui nous mettent face à face. Mon existence se crée donc au regard de la sienne, au milieu de la soupe cosmique.

Prendre conscience d'une telle intrication interpersonnelle est salutaire. Au-delà de la métaphysique de la notion (l'unité peut-elle exister sans dualité ?), l'idée d'une danse sans frontière des cellules est plutôt rassurante. Elle autorise à se fondre dans un ensemble, à s'abandonner à une énergie plus forte que la sienne, à lâcher-prise pour se confier aux étoiles.

La notion de *funi*, non-deux, est donc puissamment reliée à celle de confiance. Il y a au cœur de l'existence un principe actif, circulant en toute chose et organisant l'ensemble. On l'appelle l'Ordre cosmique. Il ressemble parfois à un beau désordre, à un chaos cosmique, dans lequel une poule aurait du mal à retrouver ses petits. Pourtant, les sages s'y réfèrent souvent, un petit sourire aux lèvres.

Récemment, lors d'un colloque sur l'environnement, je discutais avec un maître zen du changement climatique et de toute la souffrance qui en découle. Il eut soudain cette phrase qui résume l'ensemble : « Ne t'inquiète pas, l'ordre cosmique va remettre les choses en place. » Sans aller chercher une volonté consciente et supérieure – un Dieu – dans l'Ordre cosmique, ce principe procure tout de même un certain soulagement. Le bazar créé ici se répercute là et se résout un peu plus loin. Dans le cas du climat, cette résolution est au prix de l'extinction – en moins de quarante ans – de quarante pour cent des vertébrés qui peuplent la planète. Et il serait temps que l'Ordre cosmique se manifeste dans le visible. Il en sera longuement question dans le chapitre suivant.

Du point de vue personnel et sous l'angle psychologique, le principe de non-dualité me propose aussi de considérer la chose suivante : toute émotion, idée, énergie qui est produite se diffuse et donne des résultats. J'ai donc une immense responsabilité dans la façon dont le conflit perdure ou s'apaise peu à peu et il m'appartient à tout moment de rendre les armes. Mais pas seulement. L'idée de grand ordonnancement me donne aussi l'éclairage suivant quand tout semble bloqué : je ne sais pas quoi faire mais peux faire confiance à une énergie vaste pour s'occuper de cette question. Je n'ai pas besoin de trouver la réponse, de décider du pourquoi du comment, d'imprégner un mouvement quelconque à la relation, juste sortir un peu du jeu et laisser faire l'Univers. C'est une idée fort rassurante et fort utile. Munie de ce viatique, je m'occupe d'apaiser mes émotions, et laisse l'Ordre cosmique faire le reste, en confiance.

Faire Ryaku Fusatsu

C'est le nom d'une cérémonie traditionnelle, célébrée dans les monastères zen à échéance régulière. Il est parfois traduit par « cérémonie de repentance » mais la résonance du mot « repentance », empreint de culpabilité et de flagellation, nous invite à réfléchir dans une autre direction. Faire *Ryaku Fusatsu* c'est surtout apprendre à déposer son fardeau. Il y a plusieurs étapes qui vous rappelleront sans doute un processus familier.

- Tout d'abord prendre conscience de notre part de responsabilité dans l'affaire. Dans un conflit, quel qu'il soit, il y a plusieurs personnes et l'honnêteté nous oblige à évaluer nos manquements éventuels. Qu'il s'agisse d'impatience, de colère, de lâcheté, de fierté mal placée, nombreuses sont les émotions pouvant envenimer la situation. Mais rien de mieux qu'un exemple, ce matin même, pour l'illustrer. J'ai créé il y a deux ans un site internet (contenu et architecture) pour l'Association Zen internationale. Le dessein était de faciliter l'accès aux retraites pour les débutants et le nombre d'inscriptions a bondi à la suite de ce travail. Le nouveau responsable de la communication vient d'envoyer un mail pour définir une nouvelle stratégie, proposant, entre autres, une refonte totale du site avec pour arguments de petites douceurs comme, *dixit* : site vieillissant, identité graphique inadaptée, architecture compliquée, mauvais référencement, etc. Aucun aspect de mon travail précédent n'est épargné, avec des assertions contestables point par point. Je ne suis pas censée avoir connaissance de son analyse, mais un ami me l'a gentiment transmise. Alors, je n'ai pas pu résister ! J'ai répondu au moyen d'un mail ironique, démontant les reproches un par un, et terminant par un élégant « Mais je vous laisse juge » du plus bel effet. Quelques heures plus tard, bien sûr, je le regrette. Pourquoi ne pas avoir laissé dire et laissé faire ? Quel besoin avais-je de me défendre à tout prix ? Pour rétablir quelle justice ? Répondre à ces questions constituera donc la première étape de mon *Ryaku Fusatsu,* une introspection régulière permettant à la fois de constater la route qui reste à parcourir et de commencer à prendre cette nouvelle direction.

• La deuxième étape s'inscrit dans une autre dimension : elle invite à la table rituelle l'ensemble des causes et conditions du moment, en s'appuyant sur le texte *Sangemon*, chanté pendant cette cérémonie :

« Je dépose à présent toutes les actions commises par le passé, Nées de ma colère, de mes désirs ou de mon ignorance, Et manifestées sous forme d'actes, de paroles ou de pensées. »

Il est question à ce moment-là d'ouvrir les portes de la conscience, de la compréhension rationnelle et de considérer les actes dans leur ensemble. Sous ce prisme, le lâcher-prise est plus simple. Il y a eu ma part de responsabilité et l'énergie collective, souvent invisible.

- La troisième étape est purement physique, à supposer que corps et esprit puissent être dissociés. Il s'agit de faire quelques prosternations, de s'abandonner sur le sol et d'incarner corporellement une forme de lâcher-prise. Ces prosternations sont précieuses : elles marquent une prise de conscience, un ancrage, un avant et un après. Elles montrent la capacité pour l'être humain de réfléchir à ses actes, d'éventuellement les regretter et d'opérer les changements nécessaires. Ces prosternations, cet abandon, symbolisent donc le plus grand espoir pour l'espèce humaine : prendre conscience et décider de changer.

Chapitre 8

J'ai peur de l'avenir, que faire ?

Préambule : mercredi après-midi, en direct de la salle d'attente du médecin

Sept personnes m'entourent, emmitouflées dans des écharpes, reniflant, toussant, boitant ou patientant, l'air sérieux. C'est la suite de l'aventure de l'entorse. Après quelques jours à boitiller et traîner la patte, je me suis résolue à aller chez le généraliste pour vérifier qu'aucune fracture ne soit dissimulée dans ma cheville. C'est mercredi et je pensais voir la salle d'attente remplie d'enfants en bas âge et de mères de famille. Eh bien non ! Mes voisins de patience sont des hommes entre cinquante et quatre-vingts ans. J'ignore qui ils sont, quelles sont leurs vies, leurs pathologies, leurs espoirs et le futur qu'ils imaginent. Des vies qui se croisent dans un espace clos, comme dans un train, et qui ne se reverront peut-être jamais. Situation étrange où chacun reste dans sa bulle, en écoutant quand même un peu les conversations des autres, pour passer le temps.

Quelques heures avant, j'ai entendu une conférence d'un expert de l'énergie, Jean-Marc Jancovici, esprit brillant, ingénieur des Mines, expert surtout pour appuyer là où ça fait mal. Il décrivait en détail la fin des énergies fossiles (extractibles de façon rentable), les impacts des changements climatiques sur la vie des individus (déficit hydrique, famines, exodes, guerres de subsistance, etc.) et les nécessaires changements – contraints ou forcés – qui s'annoncent dans un avenir proche. Une perspective fort peu joyeuse, traitée avec ironie, sans doute le moyen que ce scientifique a trouvé pour maintenir la tristesse à distance. L'exposé est magistral, les commentaires sous la vidéo à l'avenant. « Avant je regardais des films d'horreur, maintenant je regarde Jean-Marc Jancovici, ça fait le même effet. » « Merci de nous ouvrir les yeux, je me suis inscrit dans une association de permaculture et de low-tech et vos propos m'encouragent. » On pourrait reprocher à ce monsieur une tendance à l'apologie du nucléaire, une vision optimiste du traitement des déchets et de la sécurité des installations (voir le travaux de Greenpeace ou de l'association Stop Nucléaire...), mais je ne vais pas lancer le débat ici. Notre Greta Thunberg de l'énergie (sans les nattes) transmet son message avec l'aplomb de celui qui a retourné le problème dans tous les sens et se délecte à l'avance d'un éventuel contradicteur à torpiller.

Dans la salle d'attente du médecin, RAS. Personne n'est au courant de ces études – réservées pour l'instant aux élites intellectuelles du pays : M. Jancovici donne des cours à l'École des mines, à AgroParisTech, etc. Dans cette pièce, la plupart des personnes ont plutôt en tête cette question lancinante : comment boucler les fins de mois (surtout depuis que la Covid a mis des milliers de nos concitoyens au chômage). Et, depuis quelque temps, c'est l'augmentation du prix de l'essence qui grève leur budget. À la campagne, tout le monde circule en voiture. On n'a pas le choix : les transports en commun sont rares, les infrastructures ferroviaires en mauvais état ou les lignes purement et simplement supprimées. Donc, on se déplace en voiture, sous le feu des critiques des écologistes. Le pétrole, énergie fossile, est au centre des débats, d'un côté comme de l'autre. Mais, dans cette petite ville d'Alsace, les thèmes de l'effondrement et de la fin de la civilisation thermo-industrielle n'ont pas encore fait irruption dans les foyers. Ça viendra sans doute plus vite qu'on ne le croit ; nécessité fait loi.

Le monsieur à ma droite lit *Paris Match* d'un air concentré. Celui de gauche fait défiler son mur Facebook avec frénésie, les yeux vides. Sur la table, la une de *Elle Magazine* me propose l'objectif suivant « Avoir la classe à tout âge ». En aurait-on douté ? J'imagine en passant le désespoir d'Anna Wintour – la papesse américaine de la mode – en découvrant nos allures dans cette salle d'attente : qui les chaussettes remontées sur le pantalon, qui avec un gros blouson rapiécé aux manches, qui – moi – en habit monastique plein de boue du fait de visites répétées dans les champs pour amener le foin aux chevaux. Cette simple idée me donne le sourire : Anna Wintour désespérée dans la salle d'attente de Bouxwiller ! (Et un ami de me faire au passage le commentaire suivant : « Comme quoi, il est parfois utile même pour les méditants de ne pas laisser passer *toutes* les pensées, histoire de rire un bon coup. » On ne saurait mieux dire.)

Quelques mots sur l'effondrement

Collapse, effondrement : quèsaco ?

Parler *des* effondrements serait malheureusement plus adéquat. Car notre civilisation assiste à de multiples catastrophes, en cours, sinon déjà visibles. Selon l'Indice planète vivante (IPV) établi par le WWF, entre 1970 et 2014, l'effectif des populations de vertébrés sauvages a décliné de soixante pour cent[1], de nombreuses régions du globe sont en proie à la sécheresse ou à la montée des eaux, dans des proportions qui dépassent de très loin les évolutions naturelles. Tout s'accélère et semble nous entraîner vers des mondes inconnus et imprévisibles. Mais le grand public préfère – pour le moment – vouloir ignorer ces réalités : par peur, par déni, par indifférence, par désespoir ?

La Terre a atteint ses limites physiques et nos populations ne cessent d'augmenter. L'Onu a récemment lancé

1. Rapport complet à consulter ici : https://www.wwf.fr/sites/default/files/doc-2018-10/20181030_Rapport_Planete_Vivante_2018_synthese.pdf.

une alerte sérieuse concernant des risques de pénurie accrus dans de nombreuses régions du monde[1]. Tandis que de l'autre côté, les pays riches ont construit un modèle alimentaire dépendant du pétrole, du phosphore et de l'exploitation révoltante des espèces animales : des sociétés outrancières et très vulnérables qui vont devoir changer radicalement de forme dans les prochaines années.

Car le monde que nous connaissions est en voie d'extinction. Lisez plutôt ces faits issus de la recherche scientifique, d'études systémiques, de rapports élaborés par des chercheurs étudiant ces questions depuis de nombreuses années. Je m'appuie ici sur les conférences d'Arthur Keller[2], qui résume les choses avec une précision aussi terrible que remarquable. Il passe en revue les six sphères qui composent notre planète et leur état actuel. Aucune prévision, aucune prospective, juste un état des lieux.

- La lithosphère est l'enveloppe solide de la Terre dont on peut extraire des nutriments (phosphore), des minerais, du sable (construction), du pétrole, etc. À l'heure actuelle, les ressources sont en baisse, notablement, et extraire commence à devenir très onéreux, avec les conséquences que l'on connaît. Le sable de construction est, quant à lui, devenu une ressource

1. Selon l'Onu, 820 millions de personnes – soit une personne sur neuf dans le monde – souffrent de la faim aujourd'hui : https://news.un.org/fr/story/2019/07/1047581.

2. Voir la conférence d'Arthur Keller pour NEXT « L'effondrement seul scénario possible ? » : https://www.youtube.com/watch?v=kLzNPEjHHb8.

rare, alors que l'augmentation de la population demande toujours plus de logements.

• L'hydrosphère, l'ensemble des eaux de la planète, qui subit une pollution inégalée (voir le fameux sixième continent, un océan de plastique flottant). À certains endroits, la montée des eaux produit une salinisation des terres, interdisant toute récolte. À d'autres, la sécheresse endémique fait fuir des quantités croissantes de populations.

• La cryosphère, l'ensemble des glaces de la planète, est en état de dégradation intense, comme le montre l'image emblématique de cet ours polaire affamé, squelettique, cherchant désespérément de la nourriture dans une zone ayant vu la chaîne alimentaire complètement bouleversée.

• L'atmosphère, dans laquelle les cycles de l'eau et du carbone sont sens dessus dessous et mènent aux bouleversements climatiques que l'on constate... Sans compter la pollution de l'air, l'augmentation inouïe du nombre de cancers, etc.

• La biosphère, nous en parlions ci-dessus, dans laquelle soixante pour cent des vertébrés sauvages ont disparu ces quarante-quatre dernières années. Le chiffre fait frémir.

• La pédosphère, les sols, qui sont dans un état de dégradation intense du fait d'une surexploitation agricole ou minière.

Cela étant posé, on peut prendre le temps de respirer (ou boire) un bon coup. Pour ma part, j'ai commencé par déprimer. Longuement, soigneusement, jusqu'aux tréfonds du désespoir. Je me levais une boule dans le ventre et me couchais avec – en mon centre – un rocher aiguisé me labourant du bassin jusqu'au cœur. Des journées grises, hantées par des visions d'apocalypse : des arbres en souffrance, des chevaux affamés, un décor asséché et voué à l'extinction, des êtres humains réduits à la violence, des combats, viols, meurtres, trahisons… Auxquelles se mêlaient de nombreuses images fantasmées de la Seconde Guerre mondiale.

J'habite dans les Vosges du nord, une pure splendeur : d'immenses forêts s'étendant à perte de vue, des prairies verdoyantes, des rus, ruisseaux, cours d'eau bondissants dans la campagne. Un paradis préservé… Jusqu'à ces dernières années. Depuis quelque temps, l'ambiance a changé. Les arrêtés de restriction d'eau se sont multipliés, les périodes de pluies hivernales et ininterrompues ont succédé aux étés arides, les abeilles ont déserté, les insectes aussi, à l'exception de certaines espèces en surnombre, etc. Tout cela laisse un arrière-goût étrange. Alors, quand j'ai regardé les premières conférences scientifiques sur l'état de la planète, la résonance a été immédiate.

« Je le savais ! », disaient mes cellules. « À quoi bon continuer ? », demandait mon cœur. « Je suis trop faible pour tout ça », pleurait mon ventre. « Vite un endroit pour se cacher », répliquait mon cerveau.

Puis j'ai suivi les étapes habituelles de résilience climatique : survivalisme (vite une carabine, des réserves alimentaires et des stages en milieu extrême), dépression puis réveil. Je vous épargnerai ce récit qui pourrait être un peu long et que je réserve pour un prochain livre. Mais, après plusieurs mois à tenter de faire bonne figure et à m'interroger à nouveau sur le sens de la vie, un chemin à commencer à se tracer.

On ne peut pas échouer avant d'avoir essayé

C'est la phrase incantatoire qui m'a été glissée au creux de l'oreille un matin d'avril. Par qui ? Mon formateur en hypnose conversationnelle, le maître de rhétorique, l'incomparable, le subtil Jean Dupré. Sortant quelques instants de ma sidération climatique, je m'étais inscrite pour un module d'approfondissement en hypnose. J'exerce depuis quelques années ce métier fabuleux d'hypnologue (ou hypnothérapeute si vous préférez, mais ce terme semble vouloir être l'apanage des professions médicales ; le débat suit son cours). Je travaille quelques heures par semaine, entre deux installations de clôture dans les prés et trois cérémonies bouddhistes. Quoi qu'il en soit, la découverte de l'hypnose a été essentielle dans mon parcours de vie : qu'il s'agisse de lâcher d'anciens schémas de comportement ou de tester les limites du corps et de la conscience, la discipline est un chaudron magique ! Chacun peut y trouver matière à explorations et/ou à réparations. Là encore, un livre complet n'y suffirait pas et je vais me borner ici à vous parler de ce matin d'avril. Celui-là. Celui au cours duquel la roue de la vie s'est relancée. Il suffit parfois de quelques mots pour dévier le cours des choses.

Chapitre 8

Ce matin-là, je suis arrivée à mon stage dans un piteux état. Triste comme une roue de vélo sur le bas-côté, éteinte comme une bougie d'anniversaire, amère comme une bière d'Alsace (petite blague atavique). Je me traînais depuis plusieurs semaines, sans goût à rien, mais tentant de faire bonne figure. À l'extérieur, quelques sourires de façade, à l'intérieur, du gris, du froid et des mots ternes. Mon modèle du monde avait sauté, mon futur n'était plus garanti.

Avant la prise de conscience climatique, je pensais terminer gentiment mes jours comme je les avais commencés : dans une société confortable, avec de quoi manger, boire et dormir et surtout dans un environnement sans violence. J'ai horreur du bruit, des voix qui s'élèvent, des tentatives d'intimidation. Alors, un monde occidental stable, normé, organisé, dans le cadre d'un État français issu de la philosophie des Lumières : voilà qui avait tout pour me rassurer. Je n'avais pas imaginé une seule seconde qu'il puisse en être autrement. Puis les lectures, conférences, vidéos sur l'effondrement, le collapse ont fait irruption et changé radicalement ma vision de l'avenir. J'ai d'abord compris que la France – selon la formule de Robert Badinter – n'est pas « le pays des droits de l'homme », mais celui de la « déclaration des droits de l'homme », subtile nuance. Mais surtout qu'en cas de grande crise, énergétique, alimentaire, nucléaire, la sécurité collective n'est pas – mais pas du tout – garantie.

Avec toutes ces découvertes, je suis arrivée à Paris en nageant dans l'incertitude et à contre-courant, avec un entourage restant hermétique à ces thématiques, qualifiées de « catastrophistes ». Triste et solitaire, il ne me manquait plus qu'une casquette et une boucle d'oreille pour jouer les Corto Maltese. Ce matin-là, j'ai donc eu droit à une séance d'hypnose conversationnelle avec *el maestro*. Il s'agit de recadrer notre imaginaire du réel – notre vie intérieure donc – au moyen de mots et de questions permettant de soulever des lièvres et de mettre en lumière les incohérences rationnelles : un pur délice... sauf pour le cobaye. Dans l'intransigeance de sa démarche, Jean Dupré enveloppe cependant son travail d'une amitié fraternelle et sincère, qui autorise le lâcher-prise. Ainsi, après quelques minutes à peine, j'évoquais un peu honteuse avoir eu l'idée, fugace, de poser mes valises et d'arrêter le jeu de la vie. La séance a continué à l'avenant et au bout de quelques phrases, quelques silences, quelques échanges mystérieux – dans le visible et dans l'invisible –, je me réveillais soudain de ma sidération en entendant cette phrase : « On ne peut pas échouer avant d'avoir essayé. »

Un électrochoc ! Et la roue de la vie s'est relancée. Certes, au début, elle grinçait un peu mais elle a vite retrouvé son allure de croisière ou plutôt son pas de course puisque c'est le tempo qui me caractérise.

Et après ? Quelques pistes bouddhistes, économiques et universelles

De retour au monastère, je me suis relancée à corps perdu dans le projet Kibo. J'avais encore – j'ai encore –

des lambeaux de nuages gris enveloppant le cœur, mais après les avoir consolés, il s'agissait surtout de reprendre la route, avec détermination. Pour avancer, j'ai pris en compte de nombreux paramètres, une approche systémique faisant la part belle à la pratique bouddhiste, mais pas seulement. Voici donc quelques étapes, propositions, idées, sur le chemin de la résilience, laquelle peut – d'ores et déjà – être intérieure, quelles que soient les circonstances qui se dessinent à l'horizon.

Apprivoiser la peur

Comme vous l'aurez compris dans les chapitres précédents, le travail sur les émotions est une constante de l'enseignement bouddhiste. Intégrer le corps, le ressentir pleinement, c'est accepter de se colleter au réel et aux *sensations* émotionnelles de tout type. Nous l'avons dit aussi, c'est loin d'être simple, mais l'aventure mérite d'être tentée, ne serait-ce que pour glisser dans nos vies un peu de nouveauté. Et, avec les effondrements qui se profilent ou sont en cours, nous allons être servis ! Le futur commence ici. Inutile d'attendre une catastrophe subite : le désastre est déjà observable pour qui ouvre les yeux. À l'heure où j'écris ces lignes, le thermomètre affiche 12 °C. C'est doux, c'est agréable, mais étrange pour une fin de décembre en Alsace, non ? De mon temps, comme disait ma grand-mère, à cette époque on faisait des bonhommes de neige. Avec cette douceur, les hérissons sont sortis d'hibernation. Ils ne sont pas restés très longtemps dans leur tanière, deux trois semaines au plus. Et les voici qui pointent leur mignon petit bout de nez. Ils sortent, trottinent et puis ils meurent de faim, faute de vivres à leur disposition. En temps ordinaire – mais l'ordinaire n'est plus –, ils auraient hiberné jusqu'au printemps en abaissant leur température corporelle et en puisant dans leurs réserves pour traverser ces longs mois.

En apprenant cela, de la bouche d'un ami de la Ligue pour la Protection des oiseaux (LPO), je suis triste. Un coup de couteau dans le plexus solaire, une lourdeur, un poids qui soudain voûte mes épaules. Et puis, juste derrière, surgit la peur. Elle n'est jamais très loin en fait et s'instille en douceur, comme de petits coups d'aiguille, pour mettre le corps à vif.

J'ai peur que les gens se battent pour avoir à manger.

J'ai peur qu'on tue mes animaux (chats, chevaux, poules...).

J'ai peur de ne pas avoir le temps d'agir pour faire de la ferme Kibo un lieu ressource.

J'ai peur que les bouleversements climatiques aillent de plus en plus vite.

J'ai peur que la centrale nucléaire de Fessenheim explose.

J'ai peur que l'extrême droite prenne le pouvoir.

J'ai peur qu'ils utilisent Internet pour nous contrôler et installer un état sécuritaire.

J'ai peur que la bulle financière se désintègre et que l'on se retrouve, comme en Grèce, dépossédés de nos comptes bancaires.

J'ai peur de n'avoir plus d'argent pour nourrir tout ce petit monde humain et animal qui constitue la ferme Kibo.

Et puis, rien à voir avec l'effondrement, j'ai peur de ne pas savoir mettre en place une organisation suffisamment respectueuse, évoluée, harmonieuse, spirituelle pour que les gens s'y sentent bien. Ce dernier point étant un très bon thème de thérapie, j'y travaille allègrement.

Accepter

Comme vous pouvez le lire, les peurs sont nombreuses, et, par pure compassion, je vous en ai épargné les trois quarts. Alors, que faire de tout cela ? La première étape est de poser les choses. Dans une éducation à l'ancienne, on mettait l'ensemble sous couvercle, tout spécialement si on appartenait au genre masculin. « Peur moi ? Tu rigoles ? Je lui pète la gueule à l'effondrement ! » On allait boire un coup avec les potes. Ou deux. Ou plus. Et on glissait la peur sous le tapis du bout du pied, recouverte du canapé, pour regarder le foot.

(Mon amie Marie vient de me glisser à l'oreille la remarque suivante : « Hey Kank', tu viens de gagner le concours de l'image caricaturale de l'année ! Un homme qui regarde le foot et boit un coup avec ses potes dans le canapé... Sérieux ? T'en connais beaucoup ? » Hum... en effet, ce n'était pas très fin. *Mea-culpa.*)

Mais revenons à nos chères peurs. La première étape est donc de les voir, d'accepter de les regarder en face, même les plus honteuses. Votre peur est peut-être de perdre votre maison et votre petit jardin fait avec amour. Ou votre collection d'escarpins. Ou de souffrir de la maladie sans pouvoir vous soigner correctement. Ou d'être humilié par des gens plus forts que vous. Pourquoi pas ?

Chacun est différent et a les besoins qui sont les siens. Sans jugement aucun, il s'agit ici d'aller à leur rencontre. Quelles sont vos peurs face au monde qui s'annonce ? (À supposer que les théories exposées ci-dessus vous soient familières ou en passe de le devenir. Dans le cas contraire – chanceux béotien – vous pouvez profiter de l'exercice introspectivement, juste pour vous faire du bien et vous connaître mieux.)

Prendre conscience des peurs est la première étape. Elle est fondamentale car permet aussi d'accepter leur présence et de partir du réel plutôt que de ce qui devrait être. C'est *avec* la peur que je vais ensuite me mettre en mouvement.

Chercher le besoin caché

En filigrane d'une peur se dissimule souvent un besoin. J'ai peur de la violence car j'ai besoin de douceur et de sécurité. J'ai peur de manquer d'aliments car j'ai besoin de me sentir rempli, car s'il y a un vide dans mon ventre, je me sens faible, or j'ai besoin de me sentir fort.

Les combinaisons sont nombreuses.

Pour l'explorer par vous-même voici une petite introspection. Quand vous identifiez une peur, essayez de repérer le besoin qui se dissimule en arrière-plan. Vous pouvez interroger directement la peur, comme une partie de vous, située à un endroit précis. Si la peur est dans le plexus solaire, vous pouvez lui demander – mentalement, svp ! Sinon vos proches vont se faire du souci : « Hello toi, la peur, je t'ai vue, je te sens. De quoi as-tu besoin ? Que fais-tu là ? » Bien sûr, ce travail demande un peu de solennité, de prendre son temps, d'être dans un environnement favorable, mais les réponses seront des plus étonnantes. J'adopte régulièrement cette pratique pour renouer avec les différentes énergies présentes à l'intérieur. Bien souvent, leur seul réel besoin est d'être entendues, et le travail d'apaisement se réalise peu à peu, de lui-même.

Ensuite, quand ce travail est réalisé, quand vous avez établi le dialogue et entendu la demande cachée, vous allez vous sentir plus unifié : une compréhension, un soulagement, une connexion s'est installée en vous qui permet d'aller vers l'avenir beaucoup plus sereinement.

Attention, les peurs ne disparaissent pas complètement. Les besoins seront peut-être inextinguibles ou inatteignables. Mais vous aurez une assise, un centre bien solide du fait de cette nouvelle connaissance de « vous-même ».

Utiliser la peur

Cette émotion est un levier formidable pour se mettre au boulot ! Elle n'est donc pas à négliger, et, sans aller vers des peurs paralysantes, un peu d'angoisse ou d'anxiété permet souvent à la machine de se remettre en branle. Car, quelle que soit la direction que vous ayez choisie, il va falloir se bouger un peu.

Bien sûr, certains préféreront tenter par tous les moyens de préserver leurs acquis (bonne chance !) ou de brûler la chandelle par les deux bouts. Ces comportements destructeurs et autodestructeurs sont étudiés par les chercheurs dans les assemblées de rats ou de bonobos. Mais pour les autres – la majorité –, un immense terrain de jeu est disponible. Qu'allez-vous en faire ?

Les théories de l'effondrement mettent en lumière la possibilité de la souffrance et de la mort, des thèmes que nos sociétés ont soigneusement tenus à distance ces dernières années et qui sont la base de la philosophie bouddhiste. Le Bouddha s'est lancé dans sa « grande quête » après avoir été confronté aux images de la maladie, de la vieillesse et de la mort. Son père avait bien essayé de l'en préserver en l'enfermant dans un petit paradis sur Terre, mais le réel a fait irruption et la force du contraste fut telle qu'elle l'a projeté sur les chemins spirituels, muni d'une détermination aussi grande que le choc avait été brutal. Voici donc souffrance et mort qui reviennent sur le devant de la scène, avec force ! Et c'est tant mieux. Quand nos jours confortables sont comptés, quand l'avenir est incertain, quand la bulle sécuritaire disparaît : c'est le moment de se mettre en quête et de s'élancer à notre tour sur de nouveaux chemins de vie.

Deux remarques en passant :

- Les démarches de développement personnel proposent souvent cet exercice salutaire : que feriez-vous de votre vie si vous deviez mourir dans trois ans ? Ici, l'exercice pourrait passer de métaphorique à réel avec, par exemple, l'explosion de centrales nucléaires du fait d'un black-out électrique empêchant le refroidissement des cuves ou le blocage prolongé des raffineries par des mouvements sociaux empêchant la livraison des denrées nécessaires à Rungis et leur répartition sur le territoire. Sans toutefois aller jusque-là, cette mise en perspective est très utile pour se remettre en mouvement. Le monde que je connais risque de changer, de ne pas durer : que faire des années à venir ? Quelles seront mes priorités, de quoi ai-je vraiment envie, quel sens ai-je envie de donner à ma vie ? Et – surtout – quels ont été mes rêves d'enfant ?

• La question de la survie se pose déjà dans de très nombreux endroits du globe et les questions d'évolution individuelle/de développement personnel telles qu'elles ont été décrites ci-dessus sont offertes à des privilégiés. Nous avons accès à trois repas par jour et avons le temps de penser à autre chose qu'à trouver à manger, à boire ou un endroit pour passer la nuit. Loin de vouloir nous culpabiliser, cette prise de conscience nous invite, je pense, à faire tout notre possible pour profiter de ces conditions favorables et pour évoluer d'un point de vue individuel et collectif.

Le zen et la Terre : ou comment renouer avec le respect ?

Sortir de l'avidité

D'un point de vue bouddhiste, la source de toute cette souffrance – du changement climatique en passant par l'emballement des marchés financiers – est double :

l'avidité ET l'avidité. Ou l'avidité au carré, si vous préférez. À la base de l'exploitation outrancière des ressources de la planète, il y a ce désir unanimement partagé d'obtenir et de posséder. Plus. Et encore plus. Toujours plus. L'auteure de ces lignes n'y échappe pas, qui vient de tendre la main vers un délicieux gâteau vegan aux cacahuètes pour se donner un peu d'inspiration. Vegan. Soit. Bio. Soit. Mais d'où proviennent ces cacahuètes ? Qui les a récoltées ? Avec quelle quantité d'eau pour leur culture ? Et en ai-je vraiment besoin ? Ce geste est venu du désir – de l'avidité – et a entraîné un résultat. C'est infime me direz-vous, mais à l'échelle de huit milliards d'êtres humains, la dépense écologique est colossale.

C'est l'avidité encore qui est en background des modèles de réussite contemporain : SUV, Iphone appartement à Paris, maison à la campagne, vacances à l'île de Ré, etc. Appartenir à tel ou tel groupe social devient un besoin vital, avec les conséquences financières qui en découlent. Pour atteindre ce standard, je vais monter une entreprise, commercer avec l'Asie, faire travailler des enfants, transporter mes marchandises sur des containers tankers dopés au pétrole, faire entrer mon capital en bourse, etc. On le voit, il y a différents niveaux de soif, de la plus visible à la plus discrète, qui toutes contribuent à l'épuisement des ressources. Ce n'est pas grand-chose de grignoter sans avoir faim, pour le plaisir, mais pour la Terre, c'est une catastrophe. Ce n'est pas grand-chose de prendre un café au distributeur, dans un gobelet plastique avec une touillette en plastique et une serviette en papier, mais à l'échelle de plusieurs continents, c'est une pollution gigantesque.

À noter que cette « soif », cette avidité ontologique, est également à l'œuvre pour survivre, nous reproduire ou établir un territoire de sécurité. Elle fait partie de notre nature humaine, ou d'animal humain si vous préférez. Elle n'est pas l'ennemi à abattre, mais une énergie à canaliser, à apprivoiser, à raisonner. Nous avons besoin de cette soif pour nous maintenir en vie, certes, mais il est possible de réduire notablement notre empreinte écologique sur Terre. L'idée est simple : décroître. Sortir de la consommation comme d'un mode d'être au monde, revaloriser la contemplation, la lenteur, la transmission des savoirs *intuitu personæ*, les relations humaines et mesurer la valeur d'une vie à l'aune de la sagesse plutôt que de la richesse.

Être avec la nature et non pas au-dessus

Pour aller vers l'apaisement de cette soif, la voie du zen propose différentes pistes. La plus intéressante selon moi est la prise de conscience suivante : le principe de non-hiérarchie entre être humain et Nature. L'Homme a beau être placé en haut de la chaîne alimentaire, cela n'en fait pas une espèce supérieure, ou à part. Toutes les espèces, les arbres, les plantes, les roches, tout ce qui compose la Terre a la même importance. Et surtout tout fonctionne en système. C'est ce que le bouddhisme appelle l'interdépendance.

Alors bien sûr l'humain dispose de facultés particulières – comme celle de taper sur les touches d'un clavier pour élaborer des théories, ou celle de réfléchir sur son sort et sa potentielle extinction –, mais cela n'en fait pas un être supérieur. Il a ses capacités – merveilleuses souvent, terribles parfois –, mais ne pourra rivaliser avec la splendeur d'un cheval lancé au galop, ni avec la force tellurique d'un chêne se dressant vers les nuages, ni avec Lala, qui vient de passer nonchalamment derrière l'ordinateur, avec une élégance feutrée. L'être humain est là, sur Terre, il est plutôt doué. C'est tout. Et, à moins qu'il ne se tourne enfin vers le respect du vivant et de la beauté, il aura gâché son potentiel. Si toute son intelligence et sa rationalité ne lui servent qu'à détruire le vivant, ladite intelligence pourrait même être questionnée. « Très grand QI, mais un peu con » serait son épitaphe.

Comprendre et prendre conscience

Mais je m'égare et commence à ressembler à ma cousine Rachel, qui peste contre l'Humanité tout entière, mais adoooooore les animaux. Le piège ! Car, dans la théorie bouddhiste, les êtres humains ont besoin d'une profonde compassion, d'une profonde compréhension, au même titre que toute forme de vie sur Terre. La tentation est grande de fustiger le genre humain, au vu des résultats de son empreinte écologique. On voit fleurir sur les réseaux sociaux des commentaires du genre : « Vivement que l'être humain disparaisse pour que la Terre soit sauvée. » Mais ce point de vue est terrible et laisse dans l'ombre toutes les merveilles que les hommes sont capables d'accomplir, quand leur cœur est en paix : ils accueillent des réfugiés à la maison, cachent des enfants juifs pendant la guerre, passent l'été visiter leur voisin âgé pour vérifier qu'il s'hydrate, nourrissent les oiseaux en hiver, apportent des confitures à mamie Lapin, se prêtent des outils pour bricoler... Les êtres humains sont capables du meilleur.

Pourtant, en constatant l'état de la planète, une question fondamentale émerge : « Pourquoi en sommes-nous arrivés là ? » Le Bouddha le formule simplement et clairement : du fait de l'ignorance. La plupart des individus ignorent *consciemment* être en proie à l'avidité ou au besoin d'appropriation. L'énergie de soif est sous-jacente, comme un logiciel tournant en permanence, à l'arrière-plan, incognito. La majorité des personnes n'ont aucune conscience des effets de leurs actes, qui sont par ailleurs très difficiles à évaluer du fait de la mondialisation : plus le monde est vaste, plus il est complexe. C'est donc en favorisant les circuits et réseaux locaux que l'on peut sortir de l'ignorance et reprendre conscience de ses actes, nous y reviendrons ci-dessous.

Du point de vue émotionnel, puisque c'est l'émotion qui guide la plupart de nos actes, l'ignorance est aussi à l'œuvre : pour apaiser ma colère je vais hausser le ton face à ma voisine, laquelle passera ensuite des heures devant des séries sur Netflix pour oublier la difficulté de la vie. Pour me distraire de ma peur de l'avenir, je vais aller à Disneyworld et consommer des jouets fabriqués en Asie dans des conditions éthiques déplorables. Pour me sentir fort, je vais engloutir un steak saignant de trois cents grammes, origine France et origine souffrance garantie. Pour passer le temps et la peur du vide, je vais attraper sans cesse mon smartphone et me perdre quelque part, sur la toile. Etc.

Là encore, au niveau émotionnel, le salut se trouve dans la connaissance. Pas celle des livres, ou du moins pas essentiellement : celle qui est issue de la contemplation, de l'assise, de la méditation, de l'intériorité. Aller se confronter au bouillon agité de nos émotions et de nos pensées incessantes pour leur permettre de s'apaiser… Et réduire notre empreinte carbone sur le monde.

Les chapitres précédents ont décrit de nombreuses pratiques pour ce faire : au boulot !

Maître Dôgen et le grain de riz

Depuis des siècles, les maîtres zen nous invitent à la sobriété et au respect du vivant. Ainsi dans son fameux livre le *Tenzo kyokun*, les instructions au cuisinier zen, maître Dôgen célèbre-t-il la valeur d'un grain de riz. Être un cuisinier plein de sagesse passe par ce simple fait : récolter dans la passoire jusqu'au plus petit grain de riz, en hommage à son existence. Lorsque j'étais au Japon, la cuisinière – *tenzo* – veillait soigneusement et rigoureusement à ce qu'aucun reste alimentaire ne se trouve dans les casseroles, bols, saladiers. Chaque aliment, jusqu'au plus petit grain de riz, était consommé.

Ce geste, cette philosophie participe à honorer les fruits de la Terre. Elle est semblable à cette coutume amérindienne offrant une cérémonie à l'arbre que l'on va devoir abattre pour construire une pirogue. Ou à cette tradition propre à l'ikebana (art des fleurs) qui va enterrer les fleurs fanées, respectueusement, avec déférence, après leur utilisation pour faire une composition.

Le respect aux fruits de la Terre s'adresse aux objets, légumes, plantes et se mesure dans le soin qu'on leur apporte. Mais elle se mesure aussi dans notre lien à l'Autre, habitant et fruit de la Terre lui aussi. Pouvons-nous encore entrer en contact avec des personnes, connues ou inconnues, avec délicatesse et prévenance ? L'Autre, notre voisin, collègue, ami, réfugié peut aussi devenir ce grain de riz auquel nous prêtons le plus d'attention : un élément précieux, incomparable, unique. Renouer avec la Terre implique une relation respectueuse, non hiérarchique avec tous ses habitants, qu'ils soient animaux, humains, plantes ou rochers.

Le grand rituel de l'eau

Dans les monastères zen, les repas obéissent à un cérémonial très particulier. À la fin du déjeuner, nous nettoyons soigneusement les derniers restes alimentaires avec un morceau de pain. Puis recevons de la tisane, puis de l'eau bien chaude. Cette dernière sert à laver le bol et les ustensiles. Elle est ensuite collectée dans de grands saladiers d'offrandes. Ensuite, l'équipe du service se rend en procession à l'extérieur pour restituer, tous ensemble, l'eau à la Terre et boucler le cycle. Les pratiquants rangent ensuite leurs bols propres sur des étagères.

De cette manière, l'économie en eau est notable, qui évite une grande partie de la vaisselle. Mais pas seulement. Ce rituel permet aussi de prendre conscience de la valeur de l'eau, de son côté précieux. Récemment dans certaines parties du globe, l'eau est devenue une valeur marchande, cotée en Bourse. Je pense ainsi à l'Australie ou à certains États américains. L'argument des spéculateurs – plutôt cyniques – est de redonner à l'eau une valeur. Mais celle-ci n'a pas besoin de monnaie pour être valorisée, bien au contraire. Célébrer la valeur de l'eau, c'est changer notre façon de la considérer. C'est la voir comme un trésor, un bien commun et avoir avec elle un rapport conscient, sage, respectueux du vivant, sous toutes ses formes.

Créer des communs

Dans la forêt voisine

Pour écrire cet après-midi, je me suis installée dans l'une des prairies qui entourent Kibo. Ce pré est légèrement en pente, plutôt vaste, et les chevaux y circulent librement. L'espace s'étend à perte de vue, terrain de jeux idéal pour Gazella, Qwetschia ou Efstur, qui s'en donnent à cœur joie : galop, petit trot ou avancée nonchalante.

Elle est entourée d'une ancienne forêt : des arbres centenaires, chênes, pins, frênes et autres châtaigniers se mêlant harmonieusement. Sauf au moment des champignons ou du muguet, peu de gens y circulent. Quelques voisins pour promener leur chien, un paysan allant ramasser des bûches ou des membres du Club Vosgien. Mais aujourd'hui, l'ambiance est différente. Ces derniers jours, d'énormes camions munis de chenilles et de pinces aux bras articulés ont traversé les chemins pour s'installer un peu plus haut, juste après l'orée du bois. Et depuis, c'est l'hécatombe ! Arrachés, déracinés, poussés jusqu'à ce qu'ils tombent en avant, les vieux arbres sont sacrifiés. Leur cime élégante qui pointait fièrement vers le ciel gît désormais le nez dans l'humus, vaincue par les poussées sauvages de chars d'assaut. Le combat est inégal. Ce chêne majestueux, protégeant les lieux depuis des centaines d'années est tombé en dix minutes, entraînant dans sa chute tout l'écosystème alentour. Depuis mon point d'observation, deux sons sont perceptibles : le bruit sourd des moteurs et le craquement des arbres qui tombent. L'un comme l'autre résonne comme un enterrement.

J'ai honte pour ces arbres sacrifiés sur l'autel de la rentabilité. Pour ces réseaux de champignons affolés, ces insectes, des vers de terre, ces familles de souris livrées à la cupidité humaine.

Le bout de forêt appartient à un monsieur de Wimmenau. Il a eu de la chance car l'affiche où figurait son nom a été enlevée avant que je ne le note pour cet ouvrage. Je ne l'ai pas croisé, comme on croise rarement un général sur le champ de bataille, ou un concepteur d'avion Rafale (technologie française) dans un village du Yémen. Si je possédais une forêt, j'aurais pour seule mission de la protéger. Je me sentirais responsable de son épanouissement, des vies multiples qui y ont élu domicile. J'en ferais un espace inviolé, préservé, hors d'atteinte de l'Homme et de ces machines mortifères. « Posséder une forêt », l'expression en soi est des plus étranges ! Comme s'il était possible, ou souhaitable, de posséder individuellement le vivant.

Retour aux communs

Pour contrer de tels agissements, l'économiste Gaël Giraud[1] propose le retour aux « communs ». D'après sa définition, un commun est « une ressource partagée par une communauté, avec des règles assez précises d'allocation de la ressource [...] C'est notre rapport le plus ancien, le plus ancestral, au monde qui nous entoure ». Il cite pour exemple des tribus d'Afrique subsaharienne dans lesquelles personne n'est propriétaire exclusif de la terre et dans laquelle les espaces sont cultivés sous l'autorité du conseil du village. Son propos est de sortir de la toute-puissance, de l'omniprésence, de la propriété privée, qui est devenue l'objectif ultime des habitants du monde. Chacun veut posséder, détenir, alors qu'une ressource partagée et gérée à plusieurs permet aussi bien d'évoluer à titre individuel (apprendre à négocier, à discuter, à élaborer ensemble) que de préserver le bien commun. Chacun se régule et s'entraide, le collectif se met au service de l'individu, et *vice versa*.

Pour autant, le système n'est pas simple. Il demande à la fois d'établir des règles mais aussi des méthodes pour élaborer ces dernières. Qui décide ? Comment sont prises les décisions ? Comment les règles peuvent éventuellement être modifiées ? Comment se gèrent les conflits ? Ce sont des points principaux pour installer des systèmes

1. Voir la conférence TED de Gaël Giraud « Apprenons à partager les ressources pour sauver le vivant »,| TEDxTours 2018 : https://www.youtube.com/watch?v=nb5qstZZ_Jc.

pérennes et sains, dans lesquels les habitants auront confiance.

Dans le creuset d'un monastère zen, nous savons à quel point les conflits peuvent émerger rapidement : un peu de fatigue, une sensation d'injustice, une perte de sens et c'est la porte ouverte aux difficultés en tout genre. Sauf, justement si la règle est suffisamment forte ou consentie pour permettre la résolution du conflit. Et nous avons pour guide les dix préceptes bouddhistes fondamentaux, une colonne vertébrale solide, sur laquelle s'appuyer pour apaiser les choses. Le monastère constitue donc notre « commun », que nous apprenons à faire évoluer ensemble.

À l'heure actuelle, des communautés de vie se créent un peu partout sur le territoire : immeubles intergénérationnels, éco-quartiers, fermes partagées, etc. Dans chacun d'entre eux, le temps passé au préalable pour établir la règle sera autant de temps gagné pour l'avenir de la communauté.

Ce retour aux « communs » pour les terres, les ressources, les forêts est une idée des plus inspirantes. Elle permet de concevoir une nouvelle vision du monde et de l'organisation sociale, en sortant de ce système de propriété, ultra-individualiste. Et l'expérience nous prouve que la dépossession peut être libératrice : moins de biens = moins de choses à protéger, acheter, renouveler. De plus, partager la gestion d'un bien à plusieurs allège la responsabilité personnelle et permet de fonctionner *ensemble* et d'affronter *ensemble* les éventuelles difficultés.

L'entraide et les initiatives locales

Don, contre-don et mushotoku

Et puis enfin, il y a l'entraide. Pablo Servigne et Gauthier Chapelle y ont consacré un livre complet[1], des plus inspirants. Leur théorie, étayée par les études scientifiques les plus diverses, dans des domaines comme l'éthologie, la sociologie, l'anthropologie, est la suivante : s'il existe bien une « loi du plus fort », coexiste à parts égales sur la Terre une « loi de l'entraide ». Ces deux lois ont autant de valeur et d'importance et c'est bien souvent l'entraide qui permet la survie, à long terme.

La loi de l'entraide est rassurante et motivante pour les années qui s'annoncent. Elle va être motrice pour le développement de la ferme Kibo, laquelle a déjà reçu des soutiens incroyables et fonde son existence sur l'idée de partage, à l'échelle d'un territoire. Nous cultivons la terre pas seulement pour notre petit groupe bouddhiste, mais pour ceux qui en auraient besoin, un jour, peut-être. Nous assainissons l'eau de pluie pour nos récoltes mais aussi pour les biches, sangliers, chasseurs, paysans, personnes âgées qui en auraient besoin, un jour, qui sait. Une idée d'entraide et de partage qui ouvre singulièrement l'horizon et nous replace immédiatement dans l'Humanité. Si je garde pour moi, je suis à côté. Si j'offre, l'immensité du groupe humain m'intègre et me sert de refuge.

---

1. Pablo Servigne et Gauthier Chapelle, *L'Entraide, l'autre loi de la jungle*, Paris, Les liens qui libèrent, 2019.

L'entraide peut s'effectuer à différents niveaux. Dans le bouddhisme zen, elle s'inscrit dans une dimension métaphysique avec la notion de *mushotoku*, qui signifie « donner sans but, ni esprit de profit ». Pas de don et de contre-don dans cette voltige : juste une envolée au-delà du concevable. Faire pour faire, dans l'instant, en harmonie avec la Nature et en accord complet avec la Vie. Cette notion rejoint celle qui traverse ce livre en filigrane des pages : la confiance. Donner, simplement, sans savoir que l'on donne, comme un signe de confiance totale en la vie telle qu'elle est.

Bien sûr, cela n'exclut pas la sagesse, mais savoir qu'il est possible, au jour le jour, de s'abandonner au don est des plus réjouissants. Et si la période troublée que nous traversons était là pour nous inviter à faire cette expérience ?

Une vie à l'échelle locale

Ces dernières années, j'ai sillonné le monde en train, en avion, en voiture pour présenter mes livres. À l'image du monde sans limites que l'on me décrivait, je pensais pouvoir vivre entre le Mexique, la Chine ou le Japon, comme une vagabonde du zen. J'avais fait mienne l'idée de voyageuse spirituelle, d'arpenteuse des contrées métaphysique, un pied en Alsace, l'autre dans le Nouveau Monde. Et puis il y a eu les Conférences des Parties (COP), Greta Thunberg, Yves Cochet ou Al Gore. Et l'univers a changé de forme.

À mesure que j'arrêtais les voyages au long cours, mon horizon s'est recentré. Je suis passé d'un monde illimité à un espace fini, ancré dans le local. Ma vision est pourtant restée vaste, et le champ des possibles, à l'échelle d'un territoire, est infini. Mais plus encore : réduire mon terrain de jeu est très rassurant. La mondialisation complexe telle qu'elle est décrite dans les médias m'avait souvent donné une sensation d'impuissance : je ne peux rien faire contre la guerre en Syrie, contre les enfants-réfugiés entassés sur l'île de Lesbos, contre ces vaches, poulets, cochons torturés dans des fermes-usines, contre ces décisions politiques à la solde de la finance…

Aujourd'hui, à l'échelle locale, je commence à reprendre le pouvoir. Dans mon environnement propre, je vais pouvoir créer, inventer, apprendre, essayer d'œuvrer pour un monde de valeurs. J'aurai sans doute besoin de beaucoup de sagesse, de détermination et de résilience, mais de nombreuses personnes vont tenter l'aventure. J'apprendrai avec elles, nous apprendrons ensemble à sillonner les chemins spirituels et à renouer avec notre belle Terre, respectueusement.

Glossaire

Canon pali

Ce sont les premiers textes écrits du Bouddha, plusieurs siècles après sa mort, dans la région de Ceylan. L'enseignement donné du vivant du Bouddha était oral. Les disciples avaient pris l'habitude de se réunir régulièrement en conciles pour réciter les textes, les mémoriser et aider à leur diffusion. Quelques siècles après, les premiers écrits de ses textes seront faits en langue pali.

Dharma ou Dhamma

Ce mot a plusieurs acceptions mais signifie le plus souvent : l'enseignement bouddhiste. C'est l'ensemble des notions, idées, enchaînements logiques énoncés par le Bouddha et par les maîtres qui lui ont succédé.

Dokusan

Ce sont les entretiens individuels avec le maître. Assez courtes, les réponses fusent souvent là où on ne les attendait pas. L'ensemble est très codifié, selon un rituel ancien, augmentant la valeur symbolique et l'impact du moment.

Maître Dôgen

L'un des pères fondateurs de notre école du zen sôtô. Il a vécu au XIIIe siècle, au Japon. Sa figure patriarcale imprègne notre tradition de rigueur et de concentration. Grâce à Dôgen, les cuisiniers zen vénèrent chaque grain de riz comme un trésor et les méditants essaient de toutes leurs forces d'abandonner le corps et l'esprit, d'un coup, comme un éclair qui traverse le ciel (voir *Shin jin datsu raku*, expression célèbre de maître Dôgen signifiant son Éveil par ces mots « corps-esprit abandonnés »)

Ino

C'est le responsable des rituels. En pratique, ce rôle consiste à enseigner aux moines et nonnes le déroulement de cérémonies très détaillées demandant une grande concentration. Il y a différentes sortes de cloches, d'instruments en bois ou en métal, à faire résonner à des moments précis. Après chaque cérémonie, l'Ino débriefe donc les uns et les autres, en douceur, en tentant de communiquer le goût des rituels, de la célébration et de l'action menés à son terme.

L'Ino est aussi celui qui prend soin des malades et des petits coups de blues… Avec douceur.

Karma

Employé de manière courante, ce mot pourrait signifier « destin ». Pourtant, la liberté d'action est en filigrane de cette notion clé du bouddhisme. Karma, c'est l'acte volontaire, entraînant la roue des causes et des effets (les douze *innen*). Dans le zen, parler de karma fait apparaître l'image d'un renard sauvage tentant d'échapper en vain à la loi de la causalité... Et pourtant...

Maître Keizan

L'autre figure tutélaire du zen sôtô. Un moine inspiré et inspirant à la frontière du terrestre et de l'ésotérique. Ses enseignements mêlent les consignes les plus pragmatiques – « Lorsqu'on a faim on mange, lorsqu'on est fatigué, on dort » – à des élaborations mystérieuses, comme son mausolée – bâti de son vivant – et rempli de reliques d'anciens maîtres, hommes et femmes.

Pour moi, Keizan évoque l'harmonie possible entre le rationnel et l'invisible. Un modèle. Un guide. Une très grande source d'inspiration en équilibre sur le passage des mondes.

La ferme Kibo

Le projet auquel je consacre désormais l'essentiel de mon temps : la fondation d'une ferme monastique mêlant soin aux animaux, permaculture, séminaires et pratique du zen. Elle est située en Alsace, à 300 mètres du monastère où je réside depuis vingt ans. Une quinzaine de chevaux y vivent une retraite heureuse, en attendant d'autres animaux (chèvres, poules, dindes, cochons), qui seront accueillis peu à peu. Le lieu est également un espace de formation pour tisser un autre rapport à la nature et favoriser la connaissance de soi.

Une association d'intérêt général chapeaute l'ensemble. À découvrir sur le site : www.kibo-zen.org.

Vos dons et legs sont les bienvenus pour rêver ensemble.

Kinhin, la méditation en marchant

Une méditation en marchant, au rythme de la respiration. En inspirant je fais un pas, en expirant je reste planté sur la jambe avant. Cette pratique est très facile à mettre en place, quel que soit l'endroit où l'on se trouve. Elle rééquilibre la respiration et donc la physiologie tout entière. Je rêve d'un monde où *kinhin* sera à la mode et où, à chaque arrêt de bus, les humains feront *kinhin* au lieu de regarder leur téléphone. On essaie ? Vidéo disponible sur la chaîne Youtube Dailyzen.

Mantra, *voir* Sutra

Nagarjuna

L'un des plus grands enseignants et philosophes bouddhistes. D'origine indienne, il a exploré le thème de la vacuité des formes, des phénomènes, et de la vacuité elle-même. Il utilisait une méthode de réflexion appelée tétralemme, laquelle permet de faire voler en éclats nos rationalités communes.

Objectif SMART

Un acronyme bien connu des managers ! Outre sa signification anglo-saxonne, ce terme désigne les différentes caractéristiques d'un bon objectif. Qu'il s'agisse du travail ou de mener à bien un projet personnel, le but doit être :

Simple : pouvoir être formulé simplement, avec précision

Mesurable : on doit savoir quand il est atteint, on peut le quantifier, l'évaluer

Atteignable : sinon déprime garantie !

Réaliste : ai-je besoin de préciser ?

Temporel : avoir une date butoir

Oryoki

Une série de bols gigogne en bois laqué noir dans lesquels les moines et nonnes prennent leur repas. La façon de les manier, de les utiliser, dépend d'un rituel codifié depuis des centaines d'années. Chaque geste compte et se doit d'être effectué dans la plus grande des concentrations, pour honorer le repas qui leur est servi.

Panchakarma

Cure ayurvédique d'une durée d'un mois environ. Une manière de « remettre les compteurs à zéro » avec une alimentation spécifique, des potions à base de plantes, des massages aux huiles curatives, de la méditation et beaucoup de silence. Se fait généralement en Inde, dans des cliniques dédiées.

Référence externe

C'est un mode de classification des typologies de caractères. Avec les personnes « référence externe » vous aurez toujours raison. Elles ont tendance à décider en fonction d'un avis extérieur. Mais votre gloire sera de courte durée, car elles changeront d'avis rapidement en entendant le point de vue d'un autre. Comme pour la catégorie suivante, chacun a telle ou telle tendance dans sa vie quotidienne, tendance qui dépendra souvent des domaines d'activité. C'est plutôt l'excès, dans un sens ou dans l'autre, qui serait à travailler de manière thérapeutique, pour retrouver l'équilibre.

Référence interne

C'est le miroir inversé de la précédente. Ce classement est une façon de mettre une personne dans une petite case, choses que les personnes dites « Référence interne » détestent cordialement ! Ces dernières se remarquent par leur envie de décider – tout – par elles-mêmes et par leur difficulté à recevoir des ordres. Si vous êtes leur chef, vous avez intérêt à être exemplaire… Ou à leur montrer délicatement le chemin d'une plus grande souplesse.

(Cette catégorisation est issue du travail sur les « métas programmes », une grille de lecture des comportements humains pour y voir plus clair et adapter plus précisément sa communication à la personne.)

Retraite « vie quotidienne » – *gyoji*

C'est l'une des formes de retraite dans un monastère zen : venir pour partager la vie quotidienne des moines et nonnes. On l'appelle le *gyoji*, l'activité journalière. Durant ces journées, le rythme est un peu plus léger que lors des *sesshin*, retraites intensives. Il y a un emploi du temps précis de 6 heures à 20 h 30 mais aussi quelques plages de repos ou d'étude personnelle. Une bonne étape préliminaire si la pratique d'une *sesshin* vous impressionne.

info@kibo-zen.org (pour les retraites faites en collaboration avec le monastère Ryumon-Ji, Alsace)

Rôhatsu sesshin

Pour les têtes brûlées ou les chercheurs d'absolu : sept jours face au mur à méditer de 4 heures à 21 heures, en silence. Cette retraite est ainsi conçue en hommage à l'Éveil du Bouddha, célébré le 8 décembre dans les monastères zen. Elle a donc lieu chaque année et – en général – tous les pratiquants en ressortent vivants.

Ryumon-Ji

Ji signifie temple. C'est le temple où je réside la plupart du temps. Il est situé à l'orée d'une ancienne forêt d'Alsace, dans les Vosges du Nord. Accessible en train ou en voiture, de nombreuses personnes y viennent en retraite pour profiter d'un environnement à la fois ascétique et harmonieux, propice à la pratique de la méditation zen. Il a été fondé par le maître zen Olivier Reigen Wang-Genh.

Samou

C'est l'activité bénévole pour la communauté, faite dans l'esprit du don. Nous essayons de le pratiquer en silence pour revenir plus facilement dans le corps, les gestes, la respiration. À la ferme Kibo, il y a des *samou* très divers : travaux manuels, gestion des réseaux sociaux, nettoyage, permaculture, inscriptions, soin aux animaux, accueil, newsletters, dépliants, site internet... Tout pour faire vivre une communauté. Chacun fait sa part et toutes les tâches sont aussi importantes les unes que les autres. Je suis ainsi responsable des rituels mais aussi de sortir et nettoyer les poubelles, lequel constitue d'ailleurs un *samou* fort reposant !

Sesshin

Le nom donné aux retraites de méditation zen. Elles sont un peu intensives, avec environ 6 heures de pratique par jour, sans compter les repas en silence et les rituels bouddhistes. S'inscrire pour une *sesshin*, c'est faire une plongée dans un nouveau monde, avec ses codes particuliers et une certaine austérité. Mais c'est aussi ressortir de là quelques jours plus tard l'esprit frais et purifié. *Les sesshin* peuvent durer de 2 à 9 jours.

Shiho

C'est une cérémonie secrète de transmission entre un maître zen et son disciple. Elle permettra à ce dernier d'enseigner à son tour. En Europe, ces cérémonies ont lieu après 15, 20 ou 30 années de pratique partagée, pendant lesquelles le maître et les disciples se sont côtoyés sur les chemins du zen. Les deux personnes se connaissent donc parfaitement. J'ai reçu le *Shiho* en 2018, après 18 années de pratique monastique.

Shôbôgenzô

L'œuvre phare du maître zen Eihei Dôgen, écrite au XIIIe siècle. Un monument que l'on n'a jamais fini d'explorer. Un texte qui ouvre les portes du ciel en plantant ses pieds fermement dans la terre.

***Shunyata* – « vacuité »**

Dans le bouddhisme, la vacuité n'est pas vide. Elle est au contraire un entrelacs infini de phénomènes vibrants se répondant d'un bout à l'autre de l'Univers. (Définition personnelle, que les puristes me pardonnent.)

***Skandhas* (sanskrit), « agrégats »**

Il y en a cinq, comme les doigts d'une main. Ce sont les composants de la personne, soigneusement définis un par un. Le corps, les sensations, les perceptions… Un moyen de mettre un peu de clarté dans un domaine complexe, à condition toutefois que les exégètes s'accordent sur les définitions. Le mot *rupa* forme est ainsi sujet à des interprétations différentes, qui rendent la compréhension ardue. Les cinq skandhas (*Go Un*, jap.), étudiés en détail, permettent de comprendre de quelle manière le monde est perçu, analysé, conscientisé par l'individu et comment se crée la subjectivité.

Sutra/mantra

Un sutra est un enseignement. Les textes les plus courts peuvent être récités ou chantés pendant les cérémonies. Un mantra est un ensemble de sons, de syllabes plutôt courtes, chantés de façon répétée. Certains ont un sens clairement établi, d'autres mêlent onomatopées et invocations pour donner à l'ensemble un caractère merveilleux.

Le bouddhisme zen utilise sutras et mantras au quotidien comme supports à la pratique. Ils orientent le mental dans une direction et permettent par exemple de développer concentration et motivation sur la voie.

Temple zen de La Gendronnière

Un monastère zen tout à fait merveilleux dans le Val-de-Loire. Fondé il y a plus de quarante ans par le maître japonais Taisen Deshimaru, le lieu a accueilli depuis tout ce temps des milliers de pratiquants débutants ou avancés. Il est entouré d'une magnifique forêt protégée, de plusieurs étangs et dispose d'un potager cultivé en permaculture.

www.zen-azi.org

Vesak

C'est la fête la plus connue du Bouddhisme. Elle se déroule lors de la première pleine lune du mois de mai et commémore la naissance, l'éveil et le décès du Bouddha. Un jour de paix, de méditation, de cérémonies pour un monde meilleur.

Zazen

Il en est très souvent question dans ce livre. C'est la méditation zen, assise, face au mur. Le début et l'aboutissement de tout. Zazen est simple, en théorie : être seulement avec les choses, telles qu'elles sont. En pratique, notre esprit cherche toujours autre chose : une autre méthode, une autre direction, un autre homme/femme, un autre appartement, etc. Et la roue de la souffrance s'élance. Avec zazen, on apprend comment l'arrêter, et souffler un peu. Pour une définition complète et quasi mystique de cette pratique, vous pouvez lire le *Fukan zazen gi*, un court texte de maître Dôgen.

Pour aller plus loin

Voici quelques ouvrages et ressources en ligne pour approfondir votre pratique.

Le site www.dailyzen.fr.

C'est le blog – en quatre langues – que j'essaie de mettre à jour le plus régulièrement possible. Il contient des articles de fond, des vidéos, des podcasts et mon agenda.

Vous pouvez aussi me retrouver sur la chaîne Youtube Dailyzen, sur Facebook, sur Twitter et sur Instagram. Rassurez-vous, je ne m'occupe pas moi-même de tous ces outils et suis aidée par des collaborateurs adorables et très doués : Katy-anna, Mélanie, Charles ou encore Lisa. Merci à tous !

Le site www.kibo-zen.org.

Kibo signifie « espoir ». C'est le nom donné à la ferme créée en 2020 à deux pas du monastère pour accueillir animaux humains et non humains. L'idée est d'y cultiver les valeurs bouddhistes, d'y recueillir des animaux âgés ou en souffrance, d'organiser des retraites spirituelles et des formations grand public (nature, spiritualité, méditation).

Découvrez sur le site toutes les activités développées sur place. Et parrainez un animal ! Il n'attend que vous !

Le site www.meditation-zen.org.

Vous y trouverez de nombreuses informations : des lieux de pratique, un monastère zen pour faire une retraite spirituelle, des explications sur le déroulement des journées et des enseignements bouddhistes.

La chaîne Youtube « Bouddhisme Zen Sôtô Ryumonji » contient, quant à elle, de nombreuses vidéos pour commencer ou approfondir la pratique du zen et de la méditation traditionnelle. Avec le maître bouddhiste Olivier Reigen Wang-Genh.

Sur le bouddhisme zen

Maître Dôgen, *Shôbôgenzô uji*, traduit du japonais et annoté par Eidô Shimano Rôshi et Charles Vacher, Paris, Encre marine, 1997.

Maître Dôgen, *Shôbôgenzô zuimonki*, traduit du japonais et commenté par Kengan D. Robert, Vannes, Sully, 2001.

Taisen Deshimaru, *La Pratique du zen*, Paris, Albin Michel, 1981.

Olivier Reigen Wang-Genh, *C'est encore loin l'Éveil ? Une expérience du bouddhisme zen*, Paris, Éditions du Relié, 2020.

Pour les années qui viennent

Richard Bandler, *Un cerveau pour changer. Comprendre la PNL*, Paris, Pocket, 2008.

Ben Falk, *Une ferme résiliente et productive pour vivre à la campagne*, Marsac, Éditions Imagine un colibri, 2017.

Jean-Marc Gancille, *Ne plus se mentir. Petit exercice de lucidité par temps d'effondrement écologique*, Paris, Éditions rue de l'Échiquier, 2019.

Jean-Philippe Lachaux, *Les Petites Bulles de l'attention, se concentrer dans un monde de distraction*, Paris, Odile Jacob, 2016.

Yuval Noah Harari, *21 Leçons pour le XXIe siècle*, Paris, Albin Michel, 2018.

Nolwenn Petoin, *Ouvrir l'espace, une philosophie du minimalisme*, philosophe à découvrir, éditée à compte d'auteur (achat en ligne).

Pablo Servigne et Gauthier Chapelle, *L'Entraide, l'autre loi de la jungle*, Paris, Les liens qui libèrent, 2019.

Table des matières

Remerciements

Tant de personnes à remercier dans l'aventure de cette vie (dans le désordre) !

La petite troupe, chevaux magiques et compagnons de route : Efstur, Gazella, Nökkwadys, Qwetchia, Litfari, Kjerval, Qwikkur, Svalla, Valla, Diana, Orca, Nuri, Gina, Boogie et Opheig.

Les chats et chiens d'encre : Lala, Yoda, Bobby sans oublier mes sauvageons

Pour ma famille étonnante, originale, unique.

Pour mon compagnon, joyeux, spirituel et solide comme une montagne.

Pour mes amis de pratique des premiers jours : Anette, Dominique, Evelyne, Annie, Peter, Stan, Annemie, Florent... Et tous les autres.

Un élan de gratitude pour Sophie Rouanet et James Elliott qui m'ont mis le pied à l'étrier.

Pour Élise Bigot et cette belle collaboration qui s'élance.

Pour Tséwang, amie fidèle aux détours des livres.

Pour les enthousiastes du Kibo, les généreux donateurs en temps, papotages, idées, argent, photos, vidéos, permaculture... Avec une pensée spéciale pour les résidents, sans oublier Ute et Lothar qui veillent sur l'ensemble avec confiance et bienveillance.

Pour ceux que j'ai oublié et qui me pardonneront dans leur grande mansuétude.

Cet ouvrage a été mis en page par IGS-CP
à L'Isle-d'Espagnac (16)

Imprimé en France par CPI
en février 2021

Dépôt légal : mars 2021
N° d'édition : L.01EPMN001119.N001
N° d'impression : 160567